SSC_A_1404_03.

Organización de acciones para informar y sensibilizar sobre el trabajo no remunerado de las mujeres en el ámbito doméstico

Rebeca García Haro

ic editorial

SSC_A_1404_03. Organización de acciones para informar y sensibilizar sobre el trabajo no remunerado de las mujeres en el ámbito doméstico
© Rebeca García Haro

1ª Edición

© IC Editorial, 2026

Editado por: IC Editorial
c/ Cueva de Viera, 2, Local 3
Centro Negocios CADI
29200 Antequera (Málaga)
Teléfono: 952 70 60 04
Fax: 952 84 55 03
Correo electrónico: iceditorial@iceditorial.com
Internet: www.iceditorial.com

ISBN: 979-13-7027-172-5
Depósito Legal: MA 423-2026

Impresión: PODiPrint
Impreso en Andalucía – España

Nota de la editorial: IC Editorial pertenece a Innovación y Cualificación S. L.

Presentación del manual

El **Certificado Profesional,** anteriormente llamado Certificado de Profesionalidad, constituye el Grado C en el Sistema de Formación Profesional, asociado a un perfil profesional. Acredita la capacitación para el desarrollo de una actividad profesional concreta a través de las competencias adquiridas. Tiene carácter parcial y acumulable cuando existan Ciclos Formativos (Grado D) en los que sus módulos profesionales se encuentren contenidos en su totalidad o en parte.

El elemento mínimo acreditable es el **Estándar de Competencia.** La suma de las acreditaciones de los Estándares de Competencia conforma la acreditación del **Módulo Profesional** (Grado B).

Un Estándar de Competencia se define como una agrupación de tareas productivas que realiza el profesional. Los diferentes Estándares de Competencia de un Certificado Profesional conforman la **Competencia General.** Definiendo el conjunto de conocimientos y capacidades que permiten el ejercicio de una actividad profesional determinada.

Cada Estándar o Estándares de Competencia lleva asociado un Módulo Profesional, donde se describe la formación necesaria para adquirir ese Estándar de Competencia, pudiendo dividirse en **Bloques Formativos** (Grado A).

El presente manual desarrolla el Bloque Formativo **SSC_A_1404_03. Organización de acciones para informar y sensibilizar sobre el trabajo no remunerado de las mujeres en el ámbito doméstico,**

Perteneciente al Módulo Profesional **SSC_B_1404. Ámbitos de intervención para la promoción de igualdad,**

Asociado al Estándar/Estándares de Competencia:

⇨ **UC1583_3:** Participar en la detección, análisis, implementación y evaluación de proyectos para la igualdad efectiva de mujeres y hombres.

del Certificado Profesional **SSC_C_009_5B. Intervención para la promoción de la igualdad de género en el ámbito comunitario y organizacional y la participación social de las mujeres.**

SSC_A_1404_03

**ORGANIZACIÓN
DE ACCIONES
PARA INFORMAR Y
SENSIBILIZAR SOBRE
EL TRABAJO NO
REMUNERADO DE LAS
MUJERES EN EL ÁMBITO
DOMÉSTICO**

Tiene asociado el → **ESTÁNDARES DE COMPETENCIA**

UC1583_3

Compuesto de los siguientes
BLOQUES FORMATIVOS

TÍTULOS

SSC_A_1404_01. Caracterización del entorno de intervención desde la perspectiva de género.

SSC_A_1404_02. Diseño de estrategias para la igualdad efectiva entre hombres y mujeres.

SSC_A_1404_03. Organización de acciones para informar y sensibilizar sobre el trabajo no remunerado de las mujeres en el ámbito doméstico

Contenidos desarrollados en este manual

SSC_A_1404_04. Aplicación de estrategias para informar y sensibilizar sobre las medidas de conciliación en los diferentes ámbitos y contextos de intervención.

SSC_A_1404_05. Realización de actividades de control y seguimiento de la intervención en materia de igualdad efectiva.

FICHA DE CERTIFICADO PROFESIONAL

SSC_C_009_5B. INTERVENCIÓN PARA LA PROMOCIÓN DE LA IGUALDAD DE GÉNERO EN EL ÁMBITO COMUNITARIO Y ORGANIZACIONAL Y LA PARTICIPACIÓN SOCIAL DE LAS MUJERES (Real Decreto 208/2025, de 18 de marzo)

COMPETENCIA GENERAL: Programar, desarrollar y evaluar intervenciones relacionadas con la promoción de la igualdad de género y la participación social de las mujeres, aplicando estrategias y técnicas del ámbito de la intervención social y detectando situaciones de riesgo de discriminación por razón de sexo.

Estándares de Competencias Profesionales		Ocupaciones o puestos de trabajo relacionados
UC1020_3	Establecer y mantener relación con los principales agentes comunitarios: población, técnicos y administraciones, dinamizando la relación recíproca entre ellos.	
UC1021_3	Promover la participación ciudadana en los proyectos y recursos comunitarios.	
UC1023_3	Intervenir, apoyar y acompañar en la creación y desarrollo del tejido asociativo.	
UC1025_3	Aplicar procesos y técnicas de mediación en la gestión de conflictos entre agentes comunitarios.	• Promotores/as de igualdad de trato y de oportunidades entre mujeres y hombres.
UC1453_3	Promover y mantener canales de comunicación en el entorno de intervención, incorporando la perspectiva de género.	• Promotores/as para la igualdad efectiva de mujeres y hombres.
UC1582_3	Detectar e informar a organizaciones, empresas, mujeres y agentes del entorno de intervención sobre relaciones laborales y la creación, acceso y permanencia del empleo en condiciones de igualdad efectiva de mujeres y hombres.	• Técnicos/as de apoyo en materia de igualdad efectiva de mujeres y hombres.
UC1583_3	Participar en la detección, análisis, implementación y evaluación de proyectos para la igualdad efectiva de mujeres y hombres.	
UC1454_3	Favorecer la participación de las mujeres y la creación de redes estables que, desde la perspectiva de género, impulsen el cambio de actitudes en la sociedad y el «empoderamiento» de las mujeres.	

Correspondencia con el Catálogo Modular de Formación Profesional		
Módulos profesionales	**Bloques formativos**	**Horas**
SSC_B_1128. Desarrollo comunitario (100 h)	SSC_A_1128_01. Diseño de proyectos comunitarios	15
	SSC_A_1128_02. Realización de actividades para promover la participación ciudadana en procesos comunitarios	20
	SSC_A_1128_02. Realización de actividades para promover la participación ciudadana en procesos comunitarios	20
	SSC_A_1128_04. Apoyo y soporte técnico al tejido asociativo	15
	SSC_A_1128_05. Desarrollo de procesos de mediación comunitaria	20
	SSC_A_1128_06. Realización de actividades de evaluación de los proyectos comunitarios	15

>>>

Correspondencia con el Catálogo Modular de Formación Profesional		
Módulos profesionales	**Bloques formativos**	**Horas**
SSC_B_1401. Información y comunicación con perspectiva de género (250 h)	SSC_A_1401_01. Análisis de los procesos de comunicación desde la perspectiva de género	50
	SSC_A_1401_02. Detección de situaciones de discriminación por razón de género en los procesos de comunicación e información	55
	SSC_A_1401_03. Diseño de actuaciones de comunicación e información desde la perspectiva de género	55
	SSC_A_1401_04. Implementación de actuaciones de comunicación e información no sexistas	45
	SSC_A_1401_05. Evaluación de actuaciones de comunicación e información desde la perspectiva de género	45
SSC_B_1403. Promoción del empleo femenino (250 h)	SSC_A_1403_01. Caracterización de la situación de la mujer en materia de empleo	45
	SSC_A_1403_02. Organización de actividades de promoción de igualdad efectiva en materia de empleo	50
	SSC_A_1403_03. Organización de actividades de asesoramiento y prospección de empresas	**55**
	SSC_A_1403_04. Desarrollo de procesos de orientación e información a las mujeres en materia de empleo	55
	SSC_A_1403_05. Realización de actividades de seguimiento del proceso de promoción del empleo	45
SSC_B_1404. Ámbitos de intervención para la promoción de igualdad (190 h)	SSC_A_1404_01. Caracterización del entorno de intervención desde la perspectiva de género	30
	SSC_A_1404_02. Diseño de estrategias para la igualdad efectiva entre hombres y mujeres	25
	SSC_A_1404_03. Organización de acciones para informar y sensibilizar sobre el trabajo no remunerado de las mujeres en el ámbito doméstico	30
	SSC_A_1404_04. Aplicación de estrategias para informar y sensibilizar sobre las medidas de conciliación en los diferentes ámbitos y contextos de intervención	25
	SSC_A_1404_05. Realización de actividades de control y seguimiento de la intervención en materia de igualdad efectiva	30
SSC_B_1405. Participación social de las mujeres (100 h)	SSC_A_1405_01. Caracterización de la participación social de las personas	15
	SSC_A_1405_02. Diseño de estrategias para promover la participación social de las mujeres en el ámbito público	15
	SSC_A_1405_03. Diseño de estrategias para promover el empoderamiento de las mujeres	15
	SSC_A_1405_04. Desarrollo de estrategias de intervención en procesos grupales	15
	SSC_A_1405_05. Desarrollo de procesos de acompañamiento y asesoramiento a mujeres	20
	SSC_A_1405_06. Realización de actividades de evaluación de los proyectos comunitarios	20
1782. Prevención de riesgos laborales		30

Índice

OBJETIVOS GENERALES

Los objetivos generales del **SSC_A_1404_03. Organización de acciones para informar y sensibilizar sobre el trabajo no remunerado de las mujeres en el ámbito doméstico,** son:

- ➲ Identificar las tareas y los tiempos dedicados al trabajo no remunerado dentro del ámbito doméstico.
- ➲ Establecer las repercusiones del trabajo no remunerado en el ámbito doméstico, a nivel personal y familiar y en la estructura socioeconómica.
- ➲ Determinar las consecuencias del trabajo no remunerado para la calidad de vida de las mujeres que lo realizan.
- ➲ Caracterizar estrategias y técnicas para la visibilización y el reconocimiento del trabajo no remunerado.
- ➲ Seleccionar estrategias que potencian la corresponsabilidad de hombres y mujeres de los cuidados para la vida.
- ➲ Valorar la importancia de los valores que se desarrollan a través de la realización de los cuidados para la vida.

El trabajo doméstico no remunerado: las actividades del cuidado como motor social

Contenido

Objetivos

Los objetivos específicos de esta Unidad de Aprendizaje son:

→ Repensar el término "trabajo" desde la perspectiva de género.
→ Señalar la importancia de los valores que se desarrollan a través de la realización de los cuidados para la vida.
→ Conocer las tareas y tiempos dedicados a los cuidados para la vida.
→ Revisar las referencias normativas que hacen alusión a los trabajos de cuidado.
→ Identificar las tareas y los tiempos dedicados al trabajo no remunerado.

1. Introducción

El concepto de *trabajo* ha evolucionado a lo largo de la historia, adaptándose a los cambios económicos, sociales y culturales de cada época. Tradicionalmente, se ha entendido como toda actividad productiva realizada a cambio de una compensación económica, especialmente a partir del auge del capitalismo y la Revolución Industrial, que consolidaron la figura del trabajo asalariado como el centro de la vida social y económica.

Sin embargo, esta visión ha dejado fuera un conjunto amplio de actividades esenciales para el sostenimiento de la vida: el trabajo doméstico y de cuidados, tareas históricamente realizadas por las mujeres y poco valoradas por no generar ingresos directos. Gracias a la perspectiva de género se comenzó a cuestionar esta concepción limitada, reconociendo que el trabajo no se reduce a lo asalariado, sino que abarca todo esfuerzo humano que contribuye al bienestar y a la reproducción de la vida.

Este enfoque permite visibilizar las desigualdades existentes en la distribución de las tareas domésticas y de cuidado, la división sexual del trabajo y las brechas económicas entre hombres y mujeres. Asimismo, pone de relieve la necesidad de reconocer social y jurídicamente el derecho al cuidado como una responsabilidad colectiva y un pilar fundamental de la organización social.

Para comprender la importancia del trabajo doméstico no remunerado y las actividades del cuidado como motor social, utilizaremos el caso de Sara. Sara es ama de casa y está casada con Juan. Él tiene un empleo remunerado a jornada completa de mañanas. Ella se encarga del cuidado de la casa y los dos hijos en común del matrimonio. Además, Sara tiene a cargo a su padre, quien cuenta con una enfermedad degenerativa. A pesar de que su trabajo ocupa la mayor parte de su tiempo y es esencial para el bienestar de toda la familia, Sara no percibe un salario ni reconocimiento social por sus tareas.

2. ¿Qué consideramos trabajo? Una revisión del término

👉 HILO CONDUCTOR

El caso de Sara nos invita a redefinir el concepto de trabajo, pues tradicionalmente se ha identificado con actividades remuneradas fuera del hogar, pero esta visión excluye el enorme esfuerzo que implican las tareas domésticas y de cuidado. El trabajo en sentido amplio debería comprender toda actividad humana que contribuye al bienestar personal, familiar o social, independientemente de si genera ingresos. Las labores que realiza Sara son trabajo, aunque no se paguen.

Por **trabajo** se han considerado, de manera general, aquellas actividades, tanto manuales como intelectuales, que se llevan a cabo a cambio de una compensación económica. Una visión que se sostiene sobre la perspectiva económica clásica del término y se restringe a las actividades remuneradas.

Cada oficio y profesión cumple un papel esencial en el funcionamiento social.

Este concepto de trabajo, tácitamente aceptado por la sociedad occidental, es relativamente nuevo, ya que es hijo de las teorías capitalistas y neoliberales que comienzan a extenderse a lo largo del siglo xix entre la alta burguesía, y que toma fuerza gracias a la Revolución Industrial y la popularización del **trabajo asalariado.**

DEFINICIÓN

Trabajo asalariado

Es aquel que realizan aquellas personas que trabajan a cambio de un sueldo, salario, remuneración, comisión o cualquier otra retribución en metálico o en especie, para un empresario (persona física o jurídica). Según el empleador sea público o privado se puede hablar de asalariados del sector público o del sector privado.

Esta definición no tendría en cuenta los trabajos del cuidado y el mantenimiento del hogar, mayoritariamente realizados por mujeres. Por esta razón se entendía como territorio femenino el plano reproductivo y como masculino el plano productivo:

Actividades productivas
- Se entienden como aquellas de aportación económica, supuestamente realizadas por los varones. Una idea que ya a día de hoy ha quedado desestimada, pues numerosos estudios demuestran que las mujeres habrían trabajado no solo en sus casas, sino que han estado presentes en multitud de sectores laborales a lo largo de la historia.

Actividades reproductivas
- Enfocadas en el cuido de los hijos y el mantenimiento del hogar, e históricamente relacionadas con las mujeres.

Poco a poco, la perspectiva de género ha ido modificando lo que entendemos por trabajo, teniendo en cuenta la denominada "división sexual del trabajo" y aquellas actividades llevadas a cabo por las mujeres, especialmente en el seno de la vida cotidiana e intrafamiliar.

DEFINICIÓN

División sexual del trabajo

Reparto y asignación del trabajo remunerado y no remunerado, tanto el que se realiza dentro del ámbito familiar como fuera de este, entre hombres y mujeres. Tradicionalmente, dicho reparto se ha hecho en función de los roles de género asignados a cada quien.

La incorporación masiva de las mujeres al mercado laboral ahondó más en la brecha entre las **actividades productivas** y **reproductivas.** Alrededor de este problema, surgirán tres términos que explican las relaciones entre el trabajo remunerado, no remunerado y los sesgos de género:

- **Segregación ocupacional horizontal:** la ocupación horizontal hace referencia a los distintos sectores laborales en los cuales las mujeres tienen mayor presencia.
- **Segregación ocupacional vertical:** la ocupación vertical se refiere a que mientras más se asciende en el campo laboral, menor es el número de mujeres en puestos de alto grado o liderazgo, el denominado "techo de cristal".
- **Brechas de ingreso:** hacen alusión a que los varones siguen teniendo acceso a más y mejores puestos de trabajo, con salarios más competitivos, mientras que las mujeres se ocupan en trabajos a media jornada y peor remunerados.

Cuestiones que refuerzan la presencia femenina en los hogares y su rol como cuidadoras dan lugar a una **doble o triple jornada laboral,** con una gran carga de trabajo a sus espaldas y una calidad y uso del tiempo diferente con respecto a los varones.

IMPORTANTE

Es preciso cuestionarse el rol del mercado laboral como único medio de asignación de recursos, pues la economía global no sale adelante sin otras dos vertientes como el Estado y el hogar, este último como sostén de cuidados y soporte social.

Tras comprender que el mercado no es el único mecanismo de asignación de recursos en la economía moderna, debemos destacar otros mecanismos:

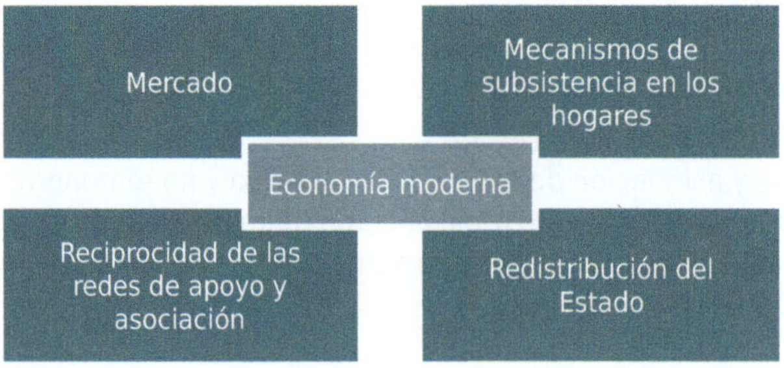

Por tanto, teniendo en cuenta todo esto, desde una perspectiva de género podemos definir como trabajo:

Cualquier esfuerzo realizado por una persona que aporta utilidad o valor a un bien o servicio. Incluye las actividades destinadas al intercambio en el mercado, al trueque o al autoconsumo, las cuales son esenciales para cubrir las necesidades de la sociedad. En general, todo el tiempo y esfuerzo dedicados a generar valor en bienes y servicios que benefician a otros se considera trabajo.

Una definición que no solo tiene en cuenta la retribución económica, sino el valor en el uso del tiempo.

3. El trabajo doméstico y su relación con las mujeres: importancia de los valores que se desarrollan a través de la realización de los cuidados para la vida

👉 HILO CONDUCTOR

El caso de Sara refleja cómo las tareas domésticas y de cuidado han recaído principalmente sobre las mujeres. Estas actividades implican valores esenciales para la convivencia y la vida en comunidad. Reconocer estos valores ayuda a comprender que el trabajo de Sara no es invisible, sino una expresión de humanidad y sostenibilidad de la vida, fundamental para el equilibrio social.

Hablar de **trabajo doméstico no remunerado** implica tener en cuenta todas aquellas actividades que, en mayor o menor medida, se realizan en el contexto familiar y del hogar y que se centran principalmente en tres vías: el **cuidado de los hijos**, el **mantenimiento del hogar** y el **cuidado de personas enfermas, mayores o dependientes.** Actividades que generalmente son realizadas por las mujeres y que en la mayoría de los casos son invisibilizadas por la sociedad en general, ya que se suelen dar por sentadas. Entre estas actividades encontramos:

- **Cuidado de los hijos:** desde la preparación del alimento cuando son recién nacidos, pasando por su alimentación específica en cada etapa de la vida, el cuidado cuando enferman, los procesos de aprendizaje, la ayuda en la escuela, los cambios de la pubertad y la adolescencia, etc. Todo ello requiere de conocimiento y saberes que, normalmente, se han transmitido entre mujeres, generación tras generación.

- **Mantenimiento del hogar:** desde la limpieza a la compra, pasando por la preparación de los alimentos, el establecimiento del orden y horarios determinados, todo conlleva un tiempo y una coherencia para que el hogar funcione adecuadamente.

- **Cuidado de personas mayores, enfermas o dependientes:** lo que engloba visitas al médico o especialista requerido, las tomas de medicación y control de estas, higiene y aseo, proporción de actividades y tiempo al aire libre, que suponen un esfuerzo extra para la persona que se encarga de todo ello.

El trabajo doméstico no remunerado se basa en el hecho de la **vulnerabilidad de la vida,** pues todos los seres humanos necesitamos ser cuidados para desarrollarnos y enfrentar las vicisitudes ambientales, estableciéndose unas relaciones de **interdependencia** con los demás y **ecodependencia** con el medio.

Es de vital importancia reconocer que, en la sociedad actual, los cuidados cierran y abren el ciclo económico. Cierran el ciclo económico porque sostienen toda una serie de servicios no remunerados que generan bienestar social. Reabren el ciclo económico en tanto que funcionan como motor para la vida, no solo con la reproducción, sino por la capacidad de sostener el ciclo vital a largo plazo, permitiendo el relevo generacional. Es por esto que los cuidados se entienden como el núcleo que posibilita el sostenimiento de la vida.

 **DEFINICIÓN**

Cuidados
Actividades que ayudan a recuperar y mantener el bienestar físico y emocional de las personas. Se trata de labores fundamentales para sostener la vida y el funcionamiento de la sociedad y la economía, que influyen de manera importante tanto en quienes reciben el cuidado como en quienes lo brindan.

En España, el Instituto de las Mujeres ha clasificado los cuidados en tres tipos:

Cuidados directos: tareas básicas del día a día, como alimentación o vestido.

Trabajo familiar doméstico: realizar el mantenimiento del hogar.

Gestión mental: llevar a cabo el orden de todo lo anterior, lo cual se introduce en tiempo, intensidad y desgaste emocional.

Además, los cuidados implican **relaciones afectivas** (positivas y negativas) y deben responder tanto al hecho universal de que todo el mundo necesita cuidados como a la diversidad humana.

El problema llega cuando quien cuida y sostiene la vida es solo una parte de las personas que pueden cuidar y, además, no existe una reciprocidad en el cuidado. Se da, por tanto, una **desigualdad del cuidado** que se encuentra en una simbiosis respecto a las relaciones dispares que establece la sociedad patriarcal.

IMPORTANTE

Estas divergencias no solo responden a condicionantes de género, sino también de clase y raciales, pues mientras más baja es la clase social, más carga de trabajo en el hogar recae sobre las mujeres, dado que no existe un acceso al trabajo doméstico profesionalizado. Por otro lado, son las mujeres migrantes las que reciben más carga, como mujeres en sus hogares y como migrantes, en tanto que suelen trabajar más de manera profesional en el campo de los cuidados personales y del hogar.

ACTIVIDAD 1

Rosa tiene 46 años y vive con su pareja y sus dos hijos adolescentes. Trabaja a jornada parcial 6 horas diarias y, además, se encarga de casi todas las tareas del hogar: cocinar, limpiar, cuidar a su madre mayor y organizar las rutinas

Continúa en página siguiente >>

<< Viene de página anterior

familiares. Aunque no recibe dinero por estas tareas, Rosa considera que son parte esencial para su familia, aunque la mayoría de las veces no se valore lo que hace. ¿Por qué es importante reconocer el valor del trabajo doméstico no remunerado? Selecciona la opción correcta.

a. Porque contribuye al bienestar y funcionamiento de la familia y de la sociedad, aunque no genere ingresos económicos directos.
b. Porque las tareas del hogar, a pesar de ser una responsabilidad natural de las mujeres, necesitan ser reconocidas y valoradas socialmente.
c. Porque solo el trabajo que se paga puede considerarse productivo o valioso socialmente.
d. Porque reconocerlo permitiría que todas las personas dejaran de realizar tareas domésticas.

4. Aportación social de las mujeres a través de los cuidados para la vida: tareas y tiempos dedicados al trabajo no remunerado dentro del ámbito doméstico

☞ HILO CONDUCTOR

La jornada de Sara cada día supera las ocho horas, entre tareas domésticas, apoyo escolar a sus hijos y atención continua a su padre. Su labor sostiene el funcionamiento diario del hogar y el desarrollo emocional de sus familiares, permitiendo que Juan pueda desempeñar su trabajo remunerado. El trabajo doméstico no remunerado supone una aportación de esfuerzo y tiempo a la sociedad, sin el cual muchas actividades productivas serían imposibles. Visibilizarlo es darle el valor que merece en la economía y la sostenibilidad de la vida.

Los usos del tiempo en relación con los trabajos no remunerados dentro del ámbito doméstico se enfrentan a problemas con la interpretación económica sobre el valor asignado a las actividades del cuidado.

El tiempo como unidad de medida homogeneiza la vida cotidiana y nos habla en términos de cantidad, que supone una variable cuantitativa. Este tiempo medido se ajusta al tiempo de trabajo mercantil y se traduce en tiempo dinero, respondiendo a una organización económica productivista, masculina y patriarcal.

IMPORTANTE

Gracias a la perspectiva de género, se ensancha el análisis del tiempo fuera de los márgenes de su versión mercantilizada. Se destaca aquella dimensión más cualitativa del tiempo, entre la que se encuentran aquellas actividades asociadas al cuidado, la continuidad de la vida y las vivencias femeninas asociadas a ello.

A estos trabajos asociados con el trabajo doméstico no remunerado se los conoce como **tiempos generadores de la reproducción,** destacando que son los que hacen posible la sostenibilidad de la vida humana, en una indisoluble relación entre lo económico y lo social.

Mujer estresada frente al tiempo, transmitiendo ansiedad y presión por los plazos.

Según los datos que recoge el Instituto de las Mujeres en su *Documento de bases por los cuidados*, extraídos de encuestas oficiales, tanto antes como después de la pandemia, se observa que:

- **Participación:** las mujeres participan en mayor porcentaje y dedican más tiempo al trabajo doméstico de cuidados.
- **Responsabilidad:** las responsabilidades de cuidados que asumen las mujeres condicionan el tiempo que dedican al trabajo remunerado y su disponibilidad laboral.
- **Acumulación de horas trabajo:** las mujeres acumulan una carga total de trabajo superior a los hombres y se encuentran en un permanente régimen de doble presencia.
- **Desigualdades de género:** las desigualdades de género en la distribución de los tiempos dedicados a los trabajos reducen el tiempo de libre disposición personal de las mujeres, entre las cuales se da una mayor pobreza de tiempo.
- **Coste para la salud femenina:** la mayor carga total de trabajo y la pobreza de tiempo suponen costes para la salud de las mujeres, tal y como se evidenció durante la pandemia y, especialmente, con la modalidad del teletrabajo.

 ## VÍDEO

¿Qué pasaría si las mujeres dejaran de cuidar y de asumir las tareas domésticas? Accede desde aquí al vídeo explicativo sobre la brecha de género en los cuidados.

https://redirectoronline.com/1404030101

Según varios estudios, de manera general, en España las mujeres realizan tanto las tareas del hogar como aquellas labores de cuidado de niños o de personas mayores y dependientes, dedicando una media de cuatro horas y media al día. Por su parte, los varones que cuidan dedican una media de dos horas y media.

Mujeres media de 4,5 h	Varones media de 2,5 h

SABÍAS QUE...

Entre 2009 y 2010 el Instituto Nacional de Estadística realizó la primera Macroencuesta sobre el empleo de tiempo, impulsada por el Ministerio de Trabajo e Inmigración, el Ministerio de Igualdad y Comisiones Obreras, siguiendo las directrices del Eurostat, la Oficina Estadística de la Unión Europea.

TAREA 1

Ana, de 38 años, trabaja por la mañana como administrativa y vive con su pareja, Luis, y sus dos hijos. Además de su empleo, Ana se encarga de casi todas las tareas del hogar: preparar comidas, limpiar, cuidar de los niños y atender a su madre enferma. En un día normal, Ana dedica 5 horas al trabajo no remunerado y 8,5 horas al trabajo doméstico y de cuidados. ¿Qué tareas realiza Ana que se consideran trabajo no remunerado? ¿Cuántas horas dedica Ana al trabajo remunerado frente al trabajo no remunerado? ¿Crees que el reparto del trabajo entre Ana y Luis es justo?

5. Referencias normativas: entre el marco de la Unión Europea y la legislación española

HILO CONDUCTOR

Tanto la Unión Europea como España reconocen la necesidad de avanzar hacia la igualdad en el reparto de los cuidados y de valorar el trabajo no remunerado. Estas normas ofrecen un marco para avanzar hacia una sociedad donde la labor de Sara, y de millones de mujeres como ella, sea visibilizada, compartida y valorada.

Tanto la Unión Europea como el ordenamiento jurídico español han incorporado, de forma progresiva, principios y medidas orientadas a promover la igualdad efectiva entre mujeres y hombres, especialmente en lo relativo al reparto equilibrado de las responsabilidades de cuidado y a la valorización del trabajo no remunerado. Este marco normativo común reconoce la necesidad de visibilizar y dignificar estas tareas, tradicionalmente asumidas por las mujeres, y constituye una base fundamental para avanzar hacia una sociedad más justa.

A continuación, se estudiará la normativa vigente, tanto a nivel de la Unión Europea como del Estado español, con el fin de analizar las principales disposiciones legales que promueven la igualdad en el reparto de los cuidados y el reconocimiento del trabajo no remunerado.

5.1. Unión Europea

En el contexto europeo, los cuidados han sido abordados separadamente desde distintas políticas públicas, dando lugar a una respuesta fragmentada en la que se distingue por un lado el cuidado de larga duración, por otro el cuidado y educación infantil y, finalmente, la regulación del empleo del hogar. De manera específica, no existe un marco normativo europeo que responda a los desafíos que presenta el trabajo doméstico no remunerado o de cuidados.

Entre las normativas que indirectamente tienen cierto poder de actuación sobre el trabajo doméstico no remunerado, encontramos:

- **Directiva (UE) 2019/1152 del Parlamento Europeo y del Consejo, de 20 de junio de 2019, relativa a unas condiciones laborales transparentes y previsibles en la Unión Europea,** cuyo objetivo es el de garantizar unas condiciones laborales dignas entre las que se incluyen el trabajo doméstico no remunerado, en tanto que se incluyen permisos de paternidad y maternidad o un permiso para cuidadores.
- **Directiva (UE) 2019/1158 del Parlamento Europeo y del Consejo, de 20 de junio de 2019, relativa a la conciliación de la vida familiar y la vida profesional de los progenitores y los cuidadores, y por la que se deroga la Directiva 2010/18/UE del Consejo.** Esta norma de manera específica tiene como objetivo la igualdad efectiva entre mujeres y hombres abordando la conciliación familiar, desde permisos de paternidad, maternidad y para cuidadores. El mayor de los objetivos busca promover la corresponsabilidad del cuidado y luchar contra la discriminación laboral femenina.

- **Estrategia Europea para la Igualdad de Género:** que incluye los Derechos de Conciliación de la Vida Familiar y la Vida Profesional (2022) y Estrategia Europea de Cuidados (2022). En el último *Informe anual de género* se dictamina que el 75 % de las tareas domésticas y del cuidado no remunerado en los países miembro son realizados por mujeres.
- **Recomendación CM/Rec (2019):** recomendación CM/Rec (2019) del Comité de Ministros a los Estados miembros para prevenir y combatir el sexismo, que promueve la adopción de medidas relacionadas con la conciliación entre la vida privada y laboral, incluidos permisos de maternidad y paternidad remunerados, permisos parentales remunerados para mujeres y hombres, acceso universal a servicios de cuidado infantil asequibles y de calidad, así como otros servicios sociales y condiciones de trabajo flexibles. También persigue mejorar el acceso universal a servicios para el cuidado de mayores y otras personas dependientes u organizar campañas para fomentar el reparto igualitario de las tareas domésticas y de cuidado entre mujeres.

Entre otras estrategias que buscan luchar contra los estereotipos y el rol tradicional de las mujeres como cuidadoras.

5.2. España

Respecto a España, hemos de tener en cuenta en primer lugar que, en el contexto europeo, forma parte del denominado "modelo mediterráneo", en el cual las familias son las grandes protagonistas en la provisión de cuidados. El modelo de bienestar español tiene como centro el trabajo asalariado y no los cuidados, por lo que las prestaciones de cuidados se relacionan con el nivel de cotización laboral, lo que continúa perpetrando las desigualdades entre mujeres y hombres en el ámbito laboral.

Es por esto que, a diferencia del trabajo doméstico remunerado, que sí cuenta con una regulación específica, el trabajo doméstico no remunerado queda excluido del Estatuto de los Trabajadores. Sin embargo, varias normativas lo reconocen de manera directa:

- **Constitución española (1978):** en sus artículos 9.2, 14 y 39 pone de manifiesto la obligación de los poderes públicos para promover la igualdad efectiva entre hombres y mujeres, el principio de la no discriminación por sexo y la protección de la familia. Dichos argumentos suponen la base constitucional para el reconocimiento del trabajo doméstico no remunerado desde las instituciones públicas.
- **Ley Orgánica 3/2007, de 22 de marzo, para la igualdad efectiva de mujeres y hombres:** en sus artículos 11, 44 y 51, dispone la obligación

de promover la conciliación, combatir la discriminación indirecta y valorar económicamente el trabajo doméstico y de cuidados no remunerado. Una ley que, aunque no otorga derechos laborales, sí establece un marco jurídico de reconocimiento y acción positiva.

⮑ **Ley 39/2006, de 14 de diciembre, de promoción de la autonomía personal y atención a las personas en situación de dependencia:** que reconoce el derecho a recibir cuidados tanto profesionales como familiares.

⮑ **Real Decreto 615/2007, de 11 de mayo, por el que se regula la Seguridad Social de los cuidadores de las personas en situación de dependencia:** permite que los cuidadores no profesionales sean dados de alta en la Seguridad Social, lo cual supone un reconocimiento indirecto al trabajo de cuidados no remunerado.

ACTIVIDAD COMPLEMENTARIA

1. Consulta los apartados de la Estrategia Europea de Cuidados para Cuidadores y Receptores de Cuidados para saber a qué servicios se pueden acceder para mejorar la conciliación familiar y su trabajo de cuidados. Redacta las ideas principales del texto y responde a la siguiente cuestión: ¿existe algún tipo de derecho para poder conciliar el trabajo de cuidados con la vida personal y el tiempo de ocio?

Puedes acceder a dicho documento desde aquí.

https://redirectoronline.com/1404030102

6. Derecho al cuidado

👉 HILO CONDUCTOR

El caso de Sara evidencia que el cuidado es un trabajo esencial pero invisibilizado, asumido principalmente por mujeres sin reconocimiento ni apoyo. El derecho al cuidado implica tanto recibir cuidado como poder cuidar en condiciones dignas y compartidas. Su caso, como el de muchas otras mujeres, muestra la necesidad de que el Estado y la sociedad asuman una corresponsabilidad en los cuidados.

Reivindicar el **derecho al cuidado** supone **dar la vuelta a la situación que sufre el trabajo doméstico,** ya que implica desligarlo únicamente del contexto familiar, de los recursos privados y de un tiempo donado gratuitamente, en especial por las mujeres. Los cuidados se asientan en la base de la desigualdad entre hombres y mujeres, y suponen, así mismo, una vía para la desigualdad económica.

Ya que todos los seres humanos necesitamos tanto cuidar como ser cuidados en algún momento de nuestra vida, su reconocimiento como un derecho supone no solo su valoración, sino también la mejora de las condiciones de quienes lo realizan tanto de manera remunerada como no.

Para abordar una posible solución es indispensable entender los **cuidados** como una **responsabilidad colectiva** y como un derecho que facilita el acceso a otros derechos. Estos son el derecho al tiempo, el derecho a la vivienda, derechos laborales en el sector de los cuidados y en el resto de los sectores, derecho a la salud, derecho a la seguridad y la no violencia.

Según expone el *Documento de bases por los cuidados,* las características del cuidado como derecho deben ser:

- ➲ **Universal:** estará disponible para la ciudadanía y no dependerá de la capacidad económica, sino de la necesidad de cuidados. La idea clave sería financiar los cuidados de modo que la población no tuviese que recurrir a servicios de carácter privado.
- ➲ **Singular:** vendrá dado por las características personales de cada uno o una.
- ➲ **Colectivo:** tiene que ser entendido como una responsabilidad comunitaria, que afecta a toda la ciudadanía en tanto que, con toda probabilidad, necesitaremos de esos cuidados en algún momento de nuestra vida.

○ **Multidimensional:** se debe reconocer tanto a la persona que cuida como a la persona que necesita ser cuidada.

○ **Público-comunitario:** es responsabilidad pública garantizar que el cuidado no se convierta en un sector precario y privatizado, garantizando la calidad de los servicios.

7. Resumen

El concepto de trabajo ha estado históricamente ligado a la producción económica y al empleo asalariado, dejando en un segundo plano aquellas labores indispensables para la sostenibilidad de la vida, como los cuidados y el trabajo doméstico no remunerado.

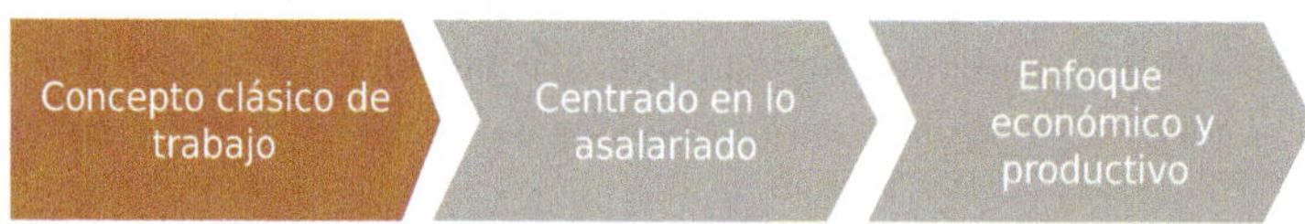

La perspectiva de género ha permitido ampliar la mirada, incorporando una comprensión del trabajo que abarca no solo lo productivo, sino también lo reproductivo y lo relacional. Reconocer el valor social, económico y emocional de los cuidados implica avanzar hacia una concepción más humana y equitativa de la organización social.

Los cuidados forman parte de la sostenibilidad de la vida y se sitúan como eje de bienestar y conexión social. Reconocer a los cuidados como trabajo y situarlos como parte crucial del uso del tiempo permite reseñar el valor socioeconómico que ostentan, pues suponen una carga de trabajo que no se cuantifica dentro de la jornada laboral, generalmente asumidos por las mujeres.

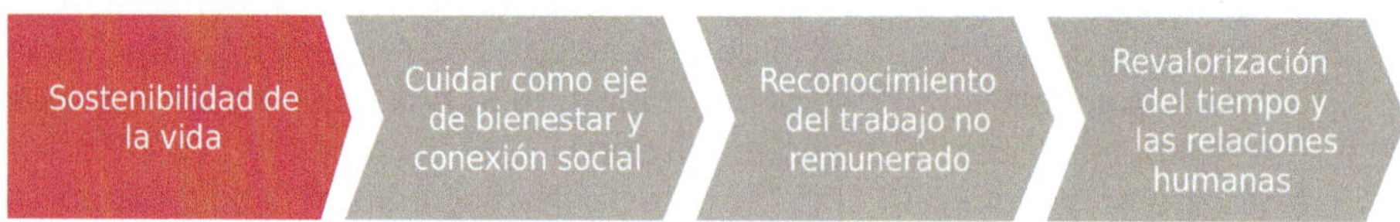

La incorporación del derecho al cuidado como principio universal se presenta como un paso fundamental para garantizar la igualdad real entre mujeres y hombres, así como para promover una sociedad más justa, solidaria y sostenible. Solo mediante el reconocimiento y la redistribución equitativa del trabajo de cuidados será posible construir un modelo social que coloque la vida (y no únicamente la economía) en el centro de sus prioridades.

Derecho al cuidado
- Universal y colectivo
- Basado en la corresponsabilidad social
- Garantiza la igualdad y justicia de género
- Coloca la vida en el centro del sistema

El trabajo doméstico y de cuidados, fundamental para la vida, sigue siendo femenino, invisible y no remunerado. Comprender su valor, reconocer los valores humanos que lo sostienen y conocer el marco normativo que lo respalda son pasos imprescindibles para una igualdad real en la sociedad.

Ejercicios de autoevaluación
Unidad de Aprendizaje 1

1. Determina si la siguiente afirmación es verdadera o falsa: "Hablar de trabajo doméstico no remunerado implica tener en cuenta aquellas actividades que tienen que ver con el cuidado de los hijos, el mantenimiento del hogar y el cuidado de las personas enfermas, mayores o dependientes".

   - Verdadero
   - Falso

2. Selecciona la opción que mejor explica qué significa la "desigualdad del cuidado".

   a. Que todas las personas comparten por igual las tareas del cuidado en la sociedad.
   b. Que solo algunas personas, especialmente las mujeres, asumen la mayor parte del cuidado sin recibir reciprocidad.
   c. Que el trabajo de cuidados se realiza únicamente en espacios profesionales y remunerados.
   d. Que los varones tienen más oportunidades para dedicarse al cuidado doméstico.

3. Determina si la siguiente afirmación es verdadera o falsa: "Los cuidados cierran y abren el ciclo económico porque sostienen actividades no remuneradas que contribuyen al bienestar social, permiten mantener el relevo generacional y sostener la vida".

   - Verdadero
   - Falso

4. ¿Por qué las mujeres de clases sociales más bajas tienen mayor carga de trabajo doméstico?

   a. Porque no tienen acceso a servicios de cuidado profesionalizados.
   b. Porque prefieren encargarse del hogar.
   c. Porque los hombres no participan por tradición.
   d. Porque el Sistema Estatal de Cuidados impone esa distribución.

5. **Determina si la siguiente afirmación es verdadera o falsa: "La primera macroencuesta sobre trabajo doméstico no remunerado en España se realizó en 2015 por el Ministerio del Exterior".**

   - ■ Verdadero
   - ■ Falso

6. **Determina si la siguiente afirmación es verdadera o falsa: "El trabajo doméstico no remunerado en España tiene una regulación específica que se inserta en el Estatuto de los Trabajadores".**

   - ■ Verdadero
   - ■ Falso

7. **Según expone el Documento de Bases por los Cuidados, las características del cuidado como derecho deben ser:**

   a. Privado
   b. Universal
   c. Unidimensional
   d. Unidireccional

8. **Determina si la siguiente afirmación es verdadera o falsa: "La división sexual del trabajo establece que las mujeres deben encargarse de las actividades productivas mientras que los hombres se ocupan de las tareas reproductivas".**

   - ■ Verdadero
   - ■ Falso

9. **Determina si la siguiente afirmación es verdadera o falsa: "Reconocer los cuidados como parte del uso del tiempo permite visibilizar el valor socioeconómico de estas tareas, aunque no estén contabilizadas en la jornada laboral".**

   - ■ Verdadero
   - ■ Falso

10. ¿Cuál de las siguientes afirmaciones sobre el derecho al cuidado es correcta?

    a. Solo se aplica al trabajo remunerado en el hogar.
    b. Busca reconocer y valorar socialmente las tareas de cuidado, así como mejorar las condiciones de quienes las realizan.
    c. Es irrelevante en sociedades con igualdad de género.
    d. Se limita al cuidado de los niños y no incluye las personas mayores o dependientes.

El trabajo doméstico no remunerado: repercusiones y consecuencias socioeconómicas

Contenido

Objetivos

Los objetivos específicos de esta
Unidad de Aprendizaje son:

→ Analizar el impacto del trabajo
  no remunerado y los cuidados
  para la vida a nivel personal,
  familiar y en la estructura
  socioeconómica.
→ Conocer el valor asociado
  del trabajo no remunerado
  en el ámbito doméstico y su
  aplicación en otros contextos.
→ Destacar las consecuencias
  del trabajo no remunerado
  en las mujeres a nivel físico y
  emocional.

1. Introducción

El trabajo doméstico no remunerado constituye una de las actividades más relevantes y, al mismo tiempo, más invisibilizadas dentro de la estructura socioeconómica. Aunque no genera ingresos directos ni cotizaciones, resulta esencial para el sostenimiento de la vida cotidiana, el bienestar familiar y el funcionamiento general del sistema reproductivo.

En la mayoría de los hogares, son las mujeres quienes asumen la mayor parte de estas responsabilidades —cuidado de los hijos, personas mayores, limpieza, gestión del hogar—, lo que genera un desequilibrio de género con importantes repercusiones personales, familiares y socioeconómicas.

Por tanto, es crucial llevar a cabo un análisis sobre el valor y el impacto del trabajo doméstico no remunerado y su papel tanto en la economía como en el conjunto de la sociedad, además de reconocer las consecuencias que tiene sobre la calidad de vida de las mujeres. En este sentido, abordar conceptos como la brecha de género en los cuidados, la brecha laboral y la pobreza de tiempo es esencial para comprender cómo la irregular distribución de estas tareas perpetúa desigualdades estructurales.

El caso de Sara nos seguirá sirviendo para ejemplificar este claro desequilibrio existente con respecto al trabajo doméstico y de cuidados, al que ella dedica todo su tiempo y esfuerzo, lo que resta oportunidades para realizarse profesional y socialmente. Y, junto a esto, cómo afecta a su salud física y emocional.

2. Repercusiones del trabajo doméstico no remunerado en la estructura social: hogares como foco de producción

 **HILO CONDUCTOR**

El hogar de Sara no es solo un espacio de consumo, sino también de producción de bienestar y capital humano. En él se educa, se alimenta, se cuida y se reproduce la fuerza de trabajo. Sin embargo, este tipo de producción permanece fuera de las estadísticas oficiales y de la valoración social. Además, la maternidad y el rol de cuidadora se convierten en un eje de desigualdad estructural, en el que a las

Continúa en página siguiente >>

<< Viene de página anterior

mujeres se las asocia con la crianza y a los maridos con la provisión. Un modelo que perpetúa la dependencia económica y simbólica de las mujeres como Sara, quienes, a pesar de su trabajo indispensable, no son consideradas trabajadoras.

Salvando las distancias entre la diversidad de hogares y estructuras familiares, de manera general, **el trabajo doméstico no remunerado continúa siendo un campo de batalla femenino,** realizado esencialmente por las mujeres.

La distinción de este trabajo con respecto a otros es el término "no remunerado", ya que no implica un pago directo por su realización y se realiza, principalmente, en los hogares.

 **IMPORTANTE**

El hogar puede entenderse como una fábrica que funciona de manera ininterrumpida y que brinda toda una serie de servicios a la sociedad: cuidado, alimento, relevo generacional y relaciones afectivo-sexuales. Actividades que en ocasiones se prolongan fuera de este, beneficiando a otras personas en particular y al sistema socioeconómico en general, pero que tienen en el hogar su núcleo principal.

2.1. El hogar como lugar productivo

Hablar de los **hogares** como **lugares productivos** es importante porque implica saltar esa visión peyorativa que se tiene sobre ellos por no producir en su seno actividades que generan beneficios económicos.

Sin embargo, nada más lejos de la realidad. En los hogares transcurren una serie de relaciones y actividades sin las cuales sería inviable el funcionamiento del sistema y en las que las mujeres se sitúan en el centro de la acción:

⊃ **El hogar como administrador y receptor de recursos:** los hogares reciben el dinero procedente del trabajo remunerado y administran dichos ingresos para las necesidades tanto básicas como secundarias de la unidad familiar, lo que se conoce como **economía del hogar.** El dinero que entra en las casas se distribuye entre los distintos gastos fijos y variables, lo que requiere una planificación, un tiempo y un esfuerzo que constituye todo un **sistema de administración de finanzas.**

- **El hogar como foco de la alimentación:** el trabajo de cocinar, seleccionar los alimentos y llenar la despensa consume diariamente un alto volumen de tiempo en los hogares, actividad que mantiene la salud y el bienestar de los distintos miembros de la unidad familiar. Especialmente importante es la nutrición de los hijos, ya que la correcta selección de los alimentos implica un crecimiento adecuado.

- **El mantenimiento diario del hogar:** el orden y la limpieza, e incluso las reparaciones, si fuesen necesarias. Menesteres cruciales para que el hogar funcione adecuadamente.

- **El hogar como espacio de crianza:** en el hogar se estipula el compromiso con los hijos, si se tuvieren, los cuales requieren de multitud de atenciones, cuidados y responsabilidad, desde su nacimiento hasta su desarrollo pleno.

- **El hogar como lugar para la salud y los cuidados:** entendido como un espacio de cura, donde no solo se dan y reciben cuidados, sino donde también se descansa, se pasa gran parte del tiempo libre y se reposa la enfermedad cuando la hay. En el hogar se cuida y protege al enfermo cuando es necesario, independientemente de la etapa vital en la que se encuentren, por lo que funciona como soporte del sistema sanitario.

Acciones que, además, cuentan con un **protagonismo femenino** independientemente de si las mujeres son amas de casa con dedicación completa, trabajan a tiempo parcial o a jornada completa. En mayor o menor medida **las mujeres siguen siendo mayoritariamente responsables de todas estas actividades.**

El protagonismo femenino en el trabajo doméstico

Otra cuestión relevante que refuerza la importancia de **los hogares como foco de producción** es la **deducción fiscal** por parte del Estado, mediante la cual reconoce la importante fuerza productiva que aportan al sistema. Al considerarse actividades de alto valor, el Estado lleva a cabo una reducción de impuestos para las familias, entre los cuales los más comunes son:

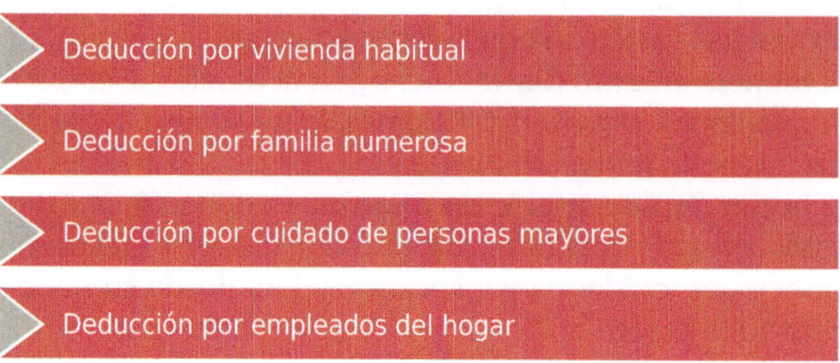

2.2. La maternidad como núcleo de desigualdad

El elemento central entre aquellos que refuerzan la presencia femenina en los hogares y su conexión con el trabajo doméstico no remunerado es la maternidad. Existe la creencia general de que el cuidado y la crianza de los hijos son inherentes a las mujeres. Una crianza que se lleva a cabo en el seno de los hogares.

Socialmente se acepta la existencia de una **maternidad inherente** en la que ser madre implica dedicar toda la atención y el cuidado posible a los hijos de manera desinteresada. Un perfil de madre que se apoya en **estereotipos tradicionales** considerados como naturales en las mujeres, como la **empatía,** la **capacidad de reconocer las necesidades de los demás** y el **sacrificio personal.** Un modelo de maternidad que refuerza el tópico de "la buena y la mala madre":

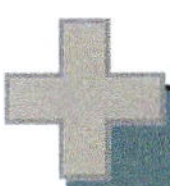

Buena madre	Mala madre
- Aquella que solo desea lo mejor para sus hijos y que conoce las necesidades de cada uno sin ningún esfuerzo. Para ella, la crianza no supone un sacrificio, sino que se traduce en un deleite.	- Aquella que no dedica su tiempo de manera exclusiva a la crianza y que desea tiempo para sí misma y su realización personal, lo que, según la visión tradicional, provoca carencias en la crianza de los hijos.

Por otro lado, dado que los **hombres** se relacionan tradicionalmente con el **rol productivo,** se normaliza **una paternidad y una crianza ausentes,** en las cuales el varón trabaja y puede pasar más tiempo fuera de casa debido al trabajo remunerado y su papel como proveedor económico en el hogar.

Ambos aspectos se explican mediante un fenómeno que se conoce como **brecha de género en el cuidado de los hijos** y se manifiesta en la desproporción de quien asume el cuidado de la prole.

DEFINICIÓN

Brecha de género en el cuidado de los hijos
Diferencia existente entre hombres y mujeres en la distribución de tareas relacionadas con el cuidado infantil. Tradicionalmente, son las mujeres quienes asumen la mayor parte de estas responsabilidades, lo que repercute de manera negativa en su desarrollo profesional, sus ingresos y sus futuras pensiones. Una desigualdad que proviene de los estereotipos de género que asocian el cuidado y la crianza como un rol principalmente femenino.

En la actualidad, coinciden dos fenómenos que colocan a las mujeres en una situación mucho más compleja, ya que conviven nuevos roles laborales y antiguos roles domésticos, junto con el envejecimiento de la población y el deber de los cuidados, lo que dificulta mucho tanto el bienestar de las mujeres como la posesión de tiempo propio:

- **Convivencia de nuevos roles laborales y viejos roles domésticos:** aunque la creencia general de que las mujeres deben estar en el hogar tiene una clara tendencia descendente, aún sigue pesando la idea de que el hogar sufre si la mujer trabaja fuera de casa.
Igualmente, las mujeres siguen interiorizando estos roles de soporte del hogar y la crianza, por lo que siguen manifestándose más abiertas a la media jornada y a la conciliación laboral.
- **Envejecimiento de la población y deber de los cuidados:** la necesidad de cuidados en la vejez es igual de importante que en la infancia, pero sigue muy arraigado el pensamiento de que el cuidado de los padres pertenece exclusivamente a los hijos, reforzando la idea de familia tradicional mediterránea y los lazos de parentesco. Una carga física y psicológica que asumen las mujeres, bien sean sus propios padres, bien sean los de su pareja.

ACTIVIDAD COMPLEMENTARIA

2. En el municipio de Sara se está realizando una campaña para visibilizar cómo se reparten las tareas de cuidado entre hombres y mujeres y ella ha decidido participar para conocer más sobre su situación. Ha decidido comenzar recabando datos sobre la desigualdad en el cuidado de los hijos en un estudio realizado por OXFAM Intermón: *El cuidado de hijos e hijas ocupa de forma habitual al 37 % de las mujeres frente al 5,6 % de los hombres.*

Consulta el documento e investiga los datos principales del estudio sobre distribución de cuidados, explica qué desigualdades muestran y por qué, argumenta cómo afectan a la vida laboral y familiar y propón una posible solución o mejora.

Puedes acceder al estudio desde aquí.

https://redirectoronline.com/1404030201

3. Repercusiones del trabajo doméstico no remunerado en la estructura económica

☞ HILO CONDUCTOR

Desde una perspectiva económica, la dedicación de Sara al cuidado familiar tiene un costo de oportunidad elevado, pues queda excluida del mercado laboral, pierde autonomía económica y cotización para su futuro. Esta situación reproduce la brecha laboral de género, ya que las mujeres asumen de forma desproporcionada las tareas no remuneradas, limitando su participación y promoción profesional. El sistema económico se beneficia de este trabajo invisible sin el cual su funcionamiento sería inviable.

El **trabajo doméstico no remunerado** cumple un **papel fundamental tanto para la vida como en la economía,** incluyendo actividades de cuidado y mantenimiento cruciales para el desarrollo humano, facilitando que otras personas puedan dedicar tiempo a otras actividades o al trabajo remunerado. Sin embargo, su relevancia suele pasar desapercibida en las mediciones económicas. Su impacto económico se resume en tres aspectos:

1. **Aporte al producto interior bruto:** el trabajo doméstico no remunerado representa una contribución económica sustancial que, aunque no se contabiliza en las estadísticas oficiales, equivale a una proporción importante del producto interior bruto de los países. Se estima que estas tareas suponen entre un 10 y un 40 % del PIB mundial.
   Esta valoración económica permite dimensionar el peso real del trabajo doméstico no remunerado en la economía y visibilizar la desigual distribución de estas responsabilidades. Desde una perspectiva estructural, el aporte del trabajo doméstico al PIB no solo refleja su valor monetario potencial, sino también su papel en la sostenibilidad del sistema económico.
2. **Base de la economía:** el trabajo doméstico no remunerado constituye uno de los pilares fundamentales sobre los cuales se sostiene el sistema económico. Estas labores garantizan las condiciones básicas necesarias para la reproducción y el bienestar de la fuerza laboral. En otras palabras, permiten que las personas que participan en el mercado laboral puedan hacerlo en condiciones adecuadas de salud. Las tareas de cuidado y mantenimiento influyen en la formación de capacidades y valores esenciales para el desarrollo socioeconómico de una nación, por lo

que, aunque no se midan en términos monetarios, el trabajo doméstico no remunerado supone una inversión continua en capital humano.

3. **Sustitución de servicios públicos:** en muchas sociedades el trabajo doméstico no remunerado actúa como un mecanismo informal que compensa la ausencia o la insuficiencia de servicios públicos y de políticas sociales adecuadas. Cuando el Estado no garantiza una cobertura suficiente en ámbitos como el cuidado infantil, atención a personas mayores, salud o educación, estas responsabilidades recaen en los hogares y, por ende, principalmente en las mujeres. Las labores domésticas y de cuidado sustituyen funciones que, en un sistema con mayor inversión pública, serían asumidas por instituciones o servicios profesionales.

Desde una **perspectiva macroeconómica,** el trabajo doméstico no remunerado actúa como la base invisible que mantiene el funcionamiento de la economía formal. Sin la realización de estas tareas, la producción de bienes y servicios remunerados se vería gravemente afectada, pues gran parte del tiempo y la energía de las personas activas económicamente estaría destinada a cubrir sus propias necesidades básicas.

Mujeres y hombres en el crecimiento económico

Reconocer el **papel estructural del trabajo doméstico** no remunerado implica entender que el bienestar y la productividad de una sociedad dependen en buena medida de este.

SABÍAS QUE...

Para calcular el aporte del trabajo doméstico no remunerado al PIB, los estudios socioeconómicos utilizan las denominadas "cuentas satélite", herramientas estadísticas que hacen visible el valor económico de estas actividades. Para ello se utiliza el denominado "criterio del coste de producción", que tiene en cuenta variables como el tiempo y el valor monetario.

Esta acción fue impulsada durante la IV Conferencia Mundial de la Mujer de Naciones Unidas celebrada en Pekín en 1995, la cual supuso un punto de inflexión para la puesta en marcha de toda una serie de medidas referentes que han tenido como consecuencia las diferentes políticas de igualdad que han surgido en el siglo XXI. Entre las más importantes destaca la puesta en marcha del Objetivo de Desarrollo Sostenible (ODS) 5: "Lograr la igualdad entre los géneros y empoderar a todas las mujeres y las niñas", de la Agenda 2030. Dicho ODS contempla: "Reconocer y valorar los cuidados y el trabajo doméstico no remunerados mediante servicios públicos, infraestructuras y políticas de protección social, y promoviendo la responsabilidad compartida en el hogar y la familia, según proceda en cada país".

3.1. La brecha laboral de género

Uno de los grandes problemas a los cuales se enfrentan las mujeres y su relación con el trabajo doméstico no remunerado es a la denominada "brecha de género en el empleo".

DEFINICIÓN

Brecha laboral de género
Diferencias y desigualdades que existen entre mujeres y hombres en el ámbito del trabajo. Estas pueden manifestarse en aspectos como la disparidad salarial, el acceso limitado de las mujeres a cargos de liderazgo o la concentración en determinados tipos de empleo.

Entre las **principales causas** de la brecha laboral de género se encuentran la **desigual distribución del trabajo doméstico y de cuidados,** que restringe las oportunidades de desarrollo profesional de las mujeres. Hecho que refuerza otros fenómenos causales como son:

Segregación ocupacional
- Las mujeres suelen concentrarse en sectores con menor remuneración y están poco representadas en puestos de dirección o en sectores mejor pagados.

Discriminación en el acceso a cargos de liderazgo
- Aunque las mujeres presentan la mitad de la fuerza de trabajo, ocupan menos de un tercio de los puestos de dirección, lo que refleja barreras estructurales en el ascenso profesional.

Precariedad laboral
- Las mujeres tienen una mayor presencia en empleos temporales, a tiempo parcial o con contratos por horas, lo que conlleva menor estabilidad y menores ingresos a lo largo de su vida laboral.

Entre las **consecuencias** de la brecha laboral de género encontramos tres importantes hitos que afectan a las mujeres:

- **Menores oportunidades profesionales:** la combinación de desigualdad salarial y segregación laboral limita las posibilidades de promoción y acceso a puestos de mayor responsabilidad.
- **Brecha salarial:** de media, las mujeres perciben ingresos inferiores a los varones, dado que sus condiciones laborales son más precarias, con puestos de menor cargo, trabajos por horas o a media jornada.
- **Brecha de pensiones:** las menores tasas de empleo y los salarios más bajos se traducen en pensiones de jubilación más reducidas para las mujeres.

ACTIVIDAD 2

María y Javier son una pareja con dos hijos pequeños. Ambos trabajan fuera de casa, pero María ha reducido su jornada laboral para poder atender las necesidades domésticas y el cuidado de los hijos. Aunque Javier colabora en algunas

Continúa en página siguiente >>

<< Viene de página anterior

tareas, la mayor parte de la limpieza, la cocina, la organización del hogar y la atención a los niños recae sobre María. Ella siente que llega agotada al final del día y que dispone de poco tiempo para sí misma. Además, nota que su salario y sus aportes para la jubilación son menores desde que redujo su jornada. Por su parte, Javier reconoce que el trabajo en casa es importante, pero no lo considera una actividad productiva. El Estado ofrece a la familia ciertas deducciones fiscales por hijos a cargo, pero María siente que eso no compensa la desigualdad que se vive en el reparto de tareas.

Desde el punto de vista socioeconómico, ¿qué impacto tiene el trabajo doméstico no remunerado que María aporta? Selecciona todas las opciones que consideres correctas.

a. Aporta una fuerza productiva esencial al sistema económico, aunque no se contabiliza en el PIB ni en las cuentas nacionales.
b. Contribuye a la sostenibilidad del sistema de bienestar al garantizar el relevo generacional y el cuidado de personas dependientes.
c. Favorece el incremento de la productividad global, ya que libera tiempo para que las mujeres puedan acceder al mercado laboral en igualdad.
d. Limita la autonomía económica de las mujeres y perpetúa desigualdades estructurales en salarios, pensiones y acceso a recursos.

4. Consecuencias del trabajo doméstico no remunerado en la calidad de vida de las mujeres

☞ HILO CONDUCTOR

En el plano personal, las repercusiones de Sara son profundas. Vive en una sobrecarga física y emocional, sin tiempo propio ni redes de apoyo suficientes. Su dependencia económica respecto a Juan puede derivar en vulnerabilidad ante situaciones de conflicto o separación y la falta de reconocimiento social genera sentimientos de infravaloración e invisibilidad. Esto impacta gravemente en la calidad de vida y el bienestar psicológico de las mujeres, y condiciona en muchas ocasiones sus proyectos vitales.

4.1. Consecuencias en la salud física y emocional

El **impacto de género en la salud** tiene lugar debido a las desigualdades presentes en la estructura social, los hábitos relacionados con el bienestar y la manera en que el sistema sanitario responde a los problemas específicos de las mujeres. Además, los **sesgos de género** dentro de la atención médica ocasionan diagnósticos equivocados o tardíos, así como una falta de valoración de los síntomas.

Aunque de manera general las mujeres tienen una esperanza de vida más alta, también tienen una tendencia a las enfermedades crónicas y los trastornos mentales relacionados con los modos de vida asociados a estas:

- **Mayor prevalencia de enfermedades crónicas:** las mujeres presentan tasas más elevadas de padecimientos crónicos, como artrosis, fibromialgia o migrañas, que pueden ser el doble o incluso el triple que las registradas en los hombres.
- **Mayor carga de trastornos mentales:** sufren con mayor frecuencia depresión y ansiedad, muchas veces relacionadas con factores sociales como la violencia de género, el estrés laboral o la sobrecarga de tareas de cuidado.
- **Sesgos en la atención médica:** los síntomas femeninos suelen ser minimizados o malinterpretados, lo que retrasa los diagnósticos o favorece la prescripción excesiva de medicamentos.
- **Limitaciones en el acceso a tratamientos:** la falta de estudio sobre aquellas enfermedades que afectan en mayor medida a las mujeres provoca que estas tengan un acceso tardío a los tratamientos.

Este impacto de género en la salud de las mujeres se asocia en gran parte como **consecuencia del trabajo doméstico no remunerado,** que causa significativas dolencias tanto a nivel físico como emocional. Una sobrecarga que, al no ser reconocida, hace que **no se atiendan aquellos problemas de salud que se asocian al trabajo doméstico en las mujeres.** Entre los efectos más comunes encontramos:

- **Cansancio y estrés continuo:** las demandas de trabajo doméstico son constantes y no tienen límite de horario, por lo que se traducen en jornadas interminables que acaban por agotar a la persona que las realiza.
- **Síndrome de *burnout*:** la acumulación de tareas y la presión permanente pueden provocar agotamiento emocional, ansiedad, depresión e insomnio.
- **Agravamiento de dolencias:** el exceso de responsabilidades agrava otras dolencias físicas y mentales preexistentes, como las migrañas, el malestar físico o las enfermedades crónicas.

⮩ **Sensación de soledad:** la rutina del hogar y la falta de interacción social frecuente pueden provocar aislamiento y sentimientos de desesperanza

Frente a estas consecuencias es necesario fomentar acciones que mejoren la situación de las mujeres y su entorno. En este sentido, es crucial:

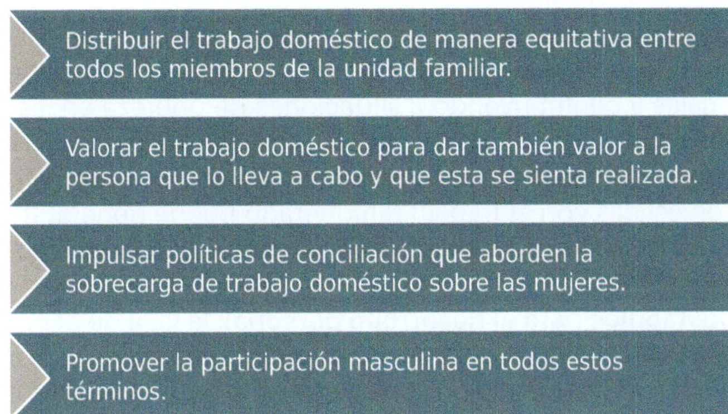

4.2. Consecuencias en la vida laboral y en relaciones sociales

El trabajo doméstico no remunerado afecta significativamente a la vida laboral y personal de las mujeres, reforzando lo que se conoce como **pobreza de tiempo.**

DEFINICIÓN

Pobreza de tiempo
Reduce la posibilidad de participación de las mujeres en el ámbito laboral, educativo y recreativo, limitando sus oportunidades de obtener ingresos y desarrollarse profesionalmente.

En el plano psicológico, la pobreza de tiempo provoca altos niveles de estrés, agotamiento y malestar emocional, que deteriora el bienestar integral. Además, muchas mujeres experimentan sentimientos de **culpa** y **frustración** por no poder cumplir con las **expectativas sociales** y **familiares** impuestas.

Entre las consecuencias que provoca la pobreza de tiempo en las mujeres destacan las siguientes:

- **Falta de tiempo personal:** dedicar gran parte del día a las tareas del hogar disminuye el tiempo disponible para actividades fundamentales como el aprendizaje, el descanso, el autocuidado, la socialización o la búsqueda de empleo.
- **Efectos económicos:** la sobrecarga doméstica limita el acceso a trabajos bien remunerados y de calidad, perpetuando las desigualdades salariales y contribuyendo a situaciones de pobreza en las mujeres y sus familias.
- **Disminución de la autoestima:** la dificultad para equilibrar las tareas domésticas con el trabajo remunerado puede generar frustración, sentimientos de insuficiencia e insatisfacción personal, impactando en la autoimagen.
- **Obstáculos para el desarrollo personal:** la falta de tiempo libre impide que muchas mujeres dediquen espacio a sus intereses, formación o proyectos personales, lo que puede generar sensación de estancamiento y frustración.
- **Conflictos en el entorno familiar:** el exceso de responsabilidades y el estrés derivado de la doble jornada pueden generar tensiones familiares, discusiones y problemas de comportamiento de hijos e hijas.

Con todo esto, factores como la ausencia de corresponsabilidad de la pareja o el tamaño del hogar intensifican las consecuencias, ya que, al no compartirse las tareas entre hombres y mujeres, la carga aumenta y limita los beneficios de contar con un trabajo remunerado, así como en familias numerosas el manejo del tiempo y los cuidados es mucho más complejo y exhaustivo.

 **TAREA 2**

Lucía tiene 42 años y vive con su pareja y dos hijos adolescentes. Trabaja a media jornada como dependienta en una tienda local. Aunque ambos progenitores aportan ingresos al hogar, es Lucía quien se ocupa de la mayoría de las tareas domésticas: limpieza, cocina, gestión del hogar, acompañamiento escolar y cuidado de su madre, que vive cerca y necesita ayuda diaria. Lucía se levanta a las seis de la mañana y no termina su jornada doméstica hasta pasadas las diez de la noche. Apenas tiene tiempo para descansar, hacer ejercicio o salir con sus amistades. En los últimos meses ha notado agotamiento, ansiedad y dolores físicos recurrentes. Cuando intenta repartir las tareas con su pareja, él

Continúa en página siguiente >>

[46]

<< Viene de página anterior

argumenta que su trabajo fuera de casa es más exigente y que ella tiene más tiempo libre al trabajar menos horas. Aunque Lucía se siente responsable de cuidar a su familia, siente que está dejando de lado su propio bienestar, su formación profesional y su vida personal. ¿De qué manera el trabajo doméstico no remunerado y la carga constante de cuidados pueden afectar la salud física y emocional de Lucía?

5. Resumen

El trabajo doméstico no remunerado, desarrollado en su mayoría por mujeres, constituye una pieza fundamental e invisible de la economía y del bienestar social. Los hogares son espacios de producción de cuidados, educación y afecto, sin los cuales el sistema económico formal no podría funcionar. Salvando algunas medidas de visibilidad, como la contabilización de su aportación al PIB, este trabajo sigue sin reconocimiento social ni valor económico, lo que refuerza la dependencia y la desigualdad entre mujeres y hombres.

La maternidad y los roles de género tradicionales mantienen a las mujeres en una posición de desventaja, tanto en el ámbito familiar como en el laboral, dando origen a fenómenos como la brecha de género en los cuidados y la brecha laboral, que limitan su desarrollo profesional, sus ingresos y sus futuras pensiones.

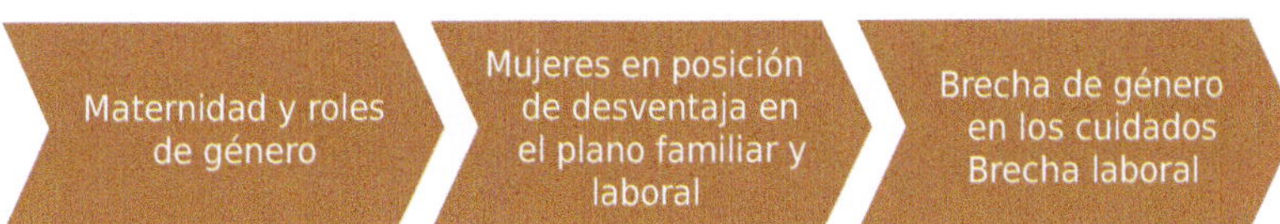

En el plano personal, la carga constante de tareas domésticas y de cuidados provoca sobrecarga física y emocional, estrés, ansiedad y una profunda pobreza de tiempo que afecta a la salud y al bienestar general.

Por todo ello, el reconocimiento, la corresponsabilidad y la valoración económica y social del trabajo doméstico no remunerado son elementos imprescindibles para avanzar hacia una sociedad más justa, equitativa y sostenible.

Ejercicios de autoevaluación
Unidad de Aprendizaje 2

1. Determina si la siguiente afirmación es verdadera o falsa: "El trabajo doméstico no remunerado se considera productivo porque genera ingresos directos para quien lo realiza".

   - Verdadero
   - Falso

2. Determina si la siguiente afirmación es verdadera o falsa: "El hogar puede considerarse una unidad productiva, ya que en él se generan bienes y servicios esenciales para la sociedad".

   - Verdadero
   - Falso

3. ¿Qué papel cumple el trabajo doméstico en la estructura económica?

   a. Un papel secundario, ya que no genera valor económico.
   b. Ninguno, pues no influye en la productividad.
   c. Un papel fundamental, ya que sostiene la economía formal al garantizar el bienestar del cuidado.
   d. Es un obstáculo para el funcionamiento del sistema económico.

4. ¿Qué concepto describe la desigualdad entre hombres y mujeres en la distribución de los cuidados?

   a. Pobreza de tiempo
   b. Brecha laboral de género
   c. Brecha de género en el cuidado
   d. Roles sociales no compartidos

5. Determina si la siguiente afirmación es verdadera o falsa: "La brecha de género en el cuidado de los hijos se refiere a la igualdad en la distribución de las tareas domésticas".

   - ■ Verdadero
   - ■ Falso

6. Determina si la siguiente afirmación es verdadera o falsa: "El trabajo doméstico no remunerado se incluye oficialmente en el PIB y en las cuentas nacionales de los países".

   - ■ Verdadero
   - ■ Falso

7. ¿Cuál de las siguientes consecuencias está asociada a la brecha laboral de género?

   a. Aumento de las oportunidades profesionales para las mujeres.
   b. Reducción de las desigualdades económicas.
   c. Diferencias salariales, menor acceso a puestos de liderazgo y pensiones más bajas.
   d. Mayor reconocimiento del trabajo doméstico.

8. Determina si la siguiente afirmación es verdadera o falsa: "La pobreza de tiempo afecta por igual a hombres y mujeres, sin distinción de responsabilidades domésticas".

   - ■ Verdadero
   - ■ Falso

9. Determina si la siguiente afirmación es verdadera o falsa: "La sobrecarga de trabajo doméstico puede tener efectos negativos en la salud física y emocional de las mujeres".

   - ■ Verdadero
   - ■ Falso

10. **¿Cuál de las siguientes afirmaciones refleja correctamente el impacto socioeconómico del trabajo doméstico no remunerado?**

    a. No aporta beneficios al sistema económico.
    b. Aumenta las desigualdades estructurales y limita la autonomía de las mujeres.
    c. Reduce las diferencias salariales entre hombres y mujeres.
    d. Está compensado por las deducciones fiscales familiares.

Visibilización y reconocimiento del trabajo doméstico no remunerado

Contenido

Objetivos

Los Objetivos específicos de esta Unidad de Aprendizaje son:

→ Caracterizar las estrategias y técnicas para visibilizar y reconocer el trabajo no remunerado

→ Desarrollar actividades de información y sensibilización sobre trabajo no remunerado.

→ Señalar la importancia de las actividades de información y sensibilización sobre el trabajo doméstico no remunerado, como parte de las estrategias y técnicas de visibilización y reconocimiento de este.

1. Introducción

El trabajo doméstico no remunerado constituye una de las bases invisibles sobre las que se sostiene la economía y el bienestar social, a pesar de no generar ingresos directos ni ser reconocido formalmente en los sistemas productivos. Las tareas de cuidado, limpieza, alimentación y mantenimiento del hogar, realizadas mayoritariamente por mujeres, representan un aporte esencial al funcionamiento de las familias y la sociedad en su conjunto.

La presente unidad tiene como objetivo visibilizar y reconocer la importancia de este trabajo a través del estudio de estrategias y técnicas llevadas a cabo por las distintas instituciones, entidades y organismos, consolidando un punto de partida sólido para el aprendizaje y puesta en marcha de futuras acciones para informar y sensibilizar sobre el trabajo no remunerado de las mujeres en el ámbito doméstico.

A través de distintos ejemplos se busca comprender cómo las instituciones y la sociedad pueden avanzar hacia un modelo corresponsable y equitativo. Así mismo, se abordan actividades educativas, campañas y recursos didácticos que fomentan la sensibilidad, la coeducación y la transformación cultural necesaria para lograr un verdadero reconocimiento del trabajo doméstico no remunerado.

El caso de Sara nos seguirá sirviendo como guía para entender que el trabajo doméstico no remunerado debe ser visible y reconocido por las políticas públicas, las instituciones gubernamentales y no gubernamentales, ser foco de investigación y centro del debate socioeconómico y las distintas acciones que se pueden poner en marcha para informar y sensibilizar sobre esta actividad, como su aparición en los medios o en el sistema educativo.

2. Estrategias y técnicas para la visibilización y el reconocimiento del trabajo no remunerado

☞ HILO CONDUCTOR

El caso de Sara muestra la urgencia de aplicar estrategias que hagan visible el valor del trabajo doméstico y de cuidados no remunerado. Estas deben re-

Continúa en página siguiente >>

<< Viene de página anterior

conocer su impacto social y económico mediante políticas públicas, iniciativas no gubernamentales e investigaciones que promuevan su valoración. De este modo, se busca otorgar reconocimiento a quienes, como Sara, sostienen el bienestar familiar sin recibir compensación ni visibilidad.

- -

Reconocer el trabajo doméstico no remunerado es fundamental para avanzar hacia una sociedad más justa e igualitaria, pero, a pesar de su relevancia, estas labores siguen estando enormemente invisibilizadas. Es por ello por lo que desde las instituciones se impulsan **estrategias y técnicas** que reconozcan y hagan visible el trabajo doméstico no remunerado.

DEFINICIÓN

Estrategias y técnicas de visibilización y reconocimiento del trabajo no remunerado

Son aquellas acciones destinadas a visibilizar y valorar el trabajo no remunerado. Abarcan desde la educación y la concienciación social hasta la implementación de políticas públicas, pasando por la redistribución equitativa de las responsabilidades dentro del hogar y la vida privada, y la promoción de la igualdad en el entorno laboral.

- -

Entre las distintas técnicas de visibilización y reconocimiento del trabajo no remunerado destacan:

- ⊃ **Sensibilización y educación:** incorporar la temática del trabajo no remunerado en conversaciones cotidianas, como reuniones laborales, para normalizar y valorar las responsabilidades del cuidado.
- ⊃ **Políticas públicas y marco legal:** impulsar normativas que reconozcan y compensen el trabajo de cuidado no remunerado, como los permisos parentales remunerados, y garantizar el acceso a servicios públicos que faciliten y respalden las labores de cuidado.
- ⊃ **Entorno laboral:** revisar y ajustar los procesos de selección y promoción profesional para eliminar sesgos de género, asegurando que se basen en criterios objetivos. Aplicar políticas de igualdad salarial entre mujeres y hombres. Fomentar una cultura organizacional inclusiva, que valore la diversidad y las distintas formas de aportar al trabajo.

➲ **Ámbito doméstico y familiar:** promover una distribución justa de las tareas domésticas y de cuidado entre los miembros del hogar. Hacer visible el trabajo realizado en el espacio privado, aun cuando no reciba una remuneración económica.

➲ **Reconocimiento económico:** integrar el valor del trabajo de cuidado no remunerado en las estadísticas y mediciones económicas, para reflejar su verdadero impacto en la sociedad.

2.1. Objetivos de Desarrollo Sostenible y Agenda 2030

Los **Objetivos de Desarrollo Sostenible,** promovidos por la Organización Mundial de las Naciones Unidas (ONU), se proponen como una serie de objetivos globales que pretenden impulsar el fin de la pobreza, proteger el planeta y garantizar la seguridad y la paz para 2030. Estos se firmaron en el marco de la denominada **Agenda 2030,** un acuerdo internacional con vigencia hasta el año 2030, que reconoce la importancia de **abordar a la vez la lucha contra distintos desafíos a nivel mundial.**

Los ODS

El **Objetivo 5** de los Objetivos de Desarrollo Sostenible aspira a **lograr la igualdad entre los géneros y empoderar a todas las mujeres y niñas.** De manera particular, una de sus metas es aquella de:

5.4. Reconocer y valorar los cuidados y el trabajo doméstico no remunerados mediante servicios públicos, infraestructuras políticas de protección social, y promoviendo la responsabilidad compartida en el hogar y la familia.

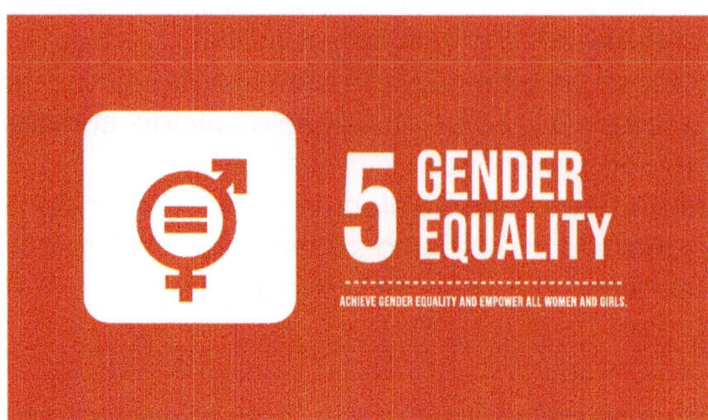

Objetivo 5 de los ODS

2.2. ONU Mujeres

La organización **ONU Mujeres** promueve la visión de los cuidados como un bien público, entendido como una de las mejores inversiones que puede llevar a cabo un país.

ONU Mujeres

Entre los beneficios que aportan los cuidados al tejido social destacan:

- **Motor para el desarrollo económico:** invertir en la economía del cuidado podría generar cerca de 300 millones de nuevos empleos para 2035, casi tres veces más que una inversión equivalente en el sector de la construcción. Se producirían entre dos y tres veces más empleos que en otras áreas económicas e incrementaría los ingresos fiscales.
- **Cambio transformador para el empleo femenino:** contar con servicios de cuidado infantil accesibles y de calidad, así como con licencias parentales adecuadas, brinda a las mujeres la posibilidad de dedicar tiempo a otras actividades económicas y para asumir roles de liderazgo. Cuando el trabajo de cuidados se comparte y se valora, las mujeres pueden acceder a empleos remunerados y mantenerse en ellos, lo que reduce las brechas salariales y fortalece el crecimiento económico.
- **Sociedades más saludables y equitativas:** un sistema de cuidados sólido promueve infancias más sanas, menores niveles de pobreza y comu-

nidades más cohesionadas y resilientes. El acceso a servicios de cuidado infantil facilita la conciliación de la vida laboral y familiar. Ofrecer una atención adecuada a personas mayores y con discapacidad garantiza que todas las personas puedan vivir y envejecer con dignidad y autonomía.

La organización impulsa una **revolución de los cuidados** basada en las siguientes acciones fundamentales:

- **Reconocer el valor del trabajo de cuidados:** tanto remunerado como no remunerado, como una labor esencial y cualificada que sostiene el funcionamiento de las sociedades. Esto implica dar prioridad a los cuidados en las leyes, políticas públicas y presupuestos nacionales
- **Reducir la carga de tiempo:** aquella que implican las tareas domésticas, mediante infraestructuras y tecnologías más eficientes, como un mejor acceso al agua y el uso de energías y utensilios no contaminantes.
- **Redistribuir de forma equitativa las responsabilidades de cuidado:** entre mujeres y hombres, el Estado, las familias, las comunidades y las empresas. Para ello se requiere ampliar los servicios de cuidado accesibles y de calidad, como guarderías y centros de atención a largo plazo, además de promover políticas laborales y sociales que incluyan licencias familiares, horarios flexibles y protección social.
- **Recompensar justamente el trabajo de las personas cuidadoras remuneradas:** garantizando salarios dignos, condiciones laborales adecuadas y protección social.
- **Representar las voces y los derechos de quienes cuidan y de quienes reciben cuidados:** en sindicatos, espacios de diálogo social y ámbitos de toma de decisiones.
- **Asegurar financiamiento suficiente para los sistemas de cuidados:** destinando recursos públicos sostenibles a políticas, servicios e infraestructuras que fortalezcan este sector.

Además, ONU mujeres pone a disposición ciudadana toda una serie de datos y estudios que visibilizan el trabajo no remunerado de las mujeres, para contabilizar el impacto social y económico que este supone a nivel global.

 **IMPORTANTE**

A nivel económico, los estudios realizados por ONU Mujeres muestran que el valor del trabajo no remunerado y del trabajo doméstico en la economía mundial supone entre un 10 % y un 39 % del producto interior bruto en la economía global.

Continúa en página siguiente >>

<< Viene de página anterior

Respecto a la segregación ocupacional, los datos revelan que las mujeres trabajan mayoritariamente en el sector servicios, seguido del sector de la agricultura y la industria. La representación femenina en cargos de liderazgo, tanto en el sector público como privado, continúa siendo ínfima.

La brecha salarial, muy presente de manera generalizada, aumenta en las mujeres si estas tienen hijos, pues dedican una mayor proporción de tiempo y esfuerzo al cuidado de la prole y el hogar.

Finalmente, cabe destacar el **Programa de Acción Beijing +30 para todas las Mujeres y Niñas,** que persigue la visibilización del trabajo no remunerado, su dignificación y su reconocimiento se encuentran entre sus seis medidas principales:

- Medida 2. Programa de Acción Beijing +30

- Para todas las mujeres y las niñas: una vida sin pobreza

- Combatir la pobreza de las mujeres invirtiendo los presupuestos nacionales en protección social y servicios públicos de alta calidad, como la atención de la salud de las mujeres, la educación de las niñas y los cuidados. Estas inversiones también pueden crear millones de puestos de trabajo decentes.

2.3. Unión Europea

En el contexto de la **Unión Europea,** el **75 % de las personas que realizan labores de trabajo doméstico no remunerado son mujeres.** Por ello, desde la Comisión Europea, se proponen las siguientes acciones:

Cumplimiento de las leyes relativas a la conciliación familiar	Mejora en el acceso a servicios de guardería y asistencia de cuidados
- Hacer que las normas de la UE relativas a la conciliación de la vida familiar y profesional de las mujeres y los hombres funcionen en la práctica, garantizando que los Estados miembros transpongan y dispongan las normas, y fomentando un reparto equilibrado entre las mujeres y los hombres de los permisos por motivos familiares y las fórmulas de trabajo flexible.	- Mejorar el acceso a servicios de guardería y otros servicios de asistencia asequibles y de alta calidad Invirtiendo en servicios asistenciales y la adopción de una garantía infantil europea.

2.4. La creación de un sistema estatal de cuidados en España

Desde el Ministerio de Derechos Sociales, Consumo y Agenda 2030 se promovió en España un **sistema estatal de cuidados** que aborda dos grandes estrategias: el enfoque sobre la persona que debe ser cuidada y el enfoque comunitario, centrado en la responsabilidad colectiva.

DEFINICIÓN

Sistema Estatal de Cuidados (SEC)

Se concibe como un sistema público de políticas integradas orientadas a construir una nueva organización social y cultural de los cuidados, reconociéndolos como un derecho universal, colectivo y singular. Su objetivo es avanzar hacia una corresponsabilidad fuerte entre Estado, comunidad, mercado y familias.

Entre los **propósitos del SEC** encontramos:

Establecer el derecho al cuidado como un derecho humano fundamental.

Continúa en página siguiente >>

<< Viene de página anterior

Revalorizar los cuidados como una política pública central y no secundaria.

Avanzar hacia un modelo público-comunitario que combine acción estatal y participación social.

Entre sus **principios y enfoques orientadores, el SEC** incluye la perspectiva de género con el objetivo de pasar de un modelo individual, feminizado y precarizado de cuidados, a uno público, colectivo, equitativo y emancipador:

Identificación de las dinámicas de género
- Identificación de las diferencias, desigualdades y discriminaciones existentes entre varones y mujeres en las labores de cuidado.

Ruptura de las dinámicas de género
- Romper con aquellas dinámicas de género que estructuralmente están presentes en los trabajos de cuidados, tanto remunerados como no remunerados.

2.5. Plan Corresponsables

Asimismo, desde la perspectiva de género, el Sistema Estatal de Cuidados se apoya en el **Plan Corresponsables** promovido por la Secretaría de Estado de Igualdad y contra la Violencia de Género del Ministerio de Igualdad, cuyo objetivo es promover la senda hacia la garantía del cuidado como un derecho. Entre sus *desafíos* encontramos:

- **Creación de sistemas completos de cuidados:** fundamentados en un enfoque de género, interseccional y basado en los derechos humanos, estos sistemas deben fomentar la corresponsabilidad entre mujeres y hombres, así como entre el Estado, el mercado, las familias y la comunidad.
- **Construcción de políticas coherentes:** busca construir políticas coherentes que aborden los usos del tiempo, los recursos, las prestaciones y los servicios públicos universales y de calidad, con el fin de responder a las diversas necesidades de cuidados de la población.

- **Sistema de protección social:** unos desafíos que se enmarcan en un sistema de protección social que reconoce el cuidado como un derecho humano equiparable en jerarquía y protección a los demás derechos fundamentales de nuestro país.

Por otro lado, entre los *principios inspiradores* del **Plan Corresponsables** que promueven la ruptura de roles de género en el cuidado encontramos:

Igualdad
- La igualdad de género se sitúa como eje vertebrador de todas las acciones, impulsando la distribución equitativa de la carga y responsabilidad del trabajo de cuidados entre hombres y mujeres, y la transformación cultural hacia una masculinidad igualitaria y corresponsable.

Corresponsabilidad
- Promover una cultura de corresponsabilidad de los cuidados entre mujeres y hombres.

VÍDEO

Accede al vídeo informativo sobre las acciones del *Plan Corresponsables.*

https://redirectoronline.com/1404030301

2.6. Prestación económica para cuidados en el entorno familiar y apoyo a personas cuidadoras no profesionales

La prestación económica para cuidados en el entorno familiar y apoyo a personas cuidadoras no profesionales se reconoce con **carácter excepcional,** con el fin de contribuir a la cobertura de los gastos derivados de la atención prestada, cuando una persona en situación de dependencia está siendo atendida por alguna persona de su entorno familiar o afectivo y lleva haciéndolo de forma continuada en el tiempo. Además, **han de reunirse determinados requisitos de acceso a la prestación, que afectan a la vivienda y la persona cuidadora.**

2.7. Indagar, nombrar y contar: el trabajo doméstico no remunerado en la investigación

A nivel de investigación sobre el trabajo doméstico no remunerado, no existe en España mayor referente que la socióloga y economista **María de los Ángeles Durán Heras.** Sus aportes al estudio del trabajo doméstico y de cuidados son referentes tanto en el marco nacional como internacional, y ha creado categorías para nombrar y metodologías para contabilizar el valor de los cuidados. Los elementos clave para comprender sus aportaciones desde una perspectiva de género son:

- **La metáfora del iceberg:** a través de esta metáfora se manifiesta el trabajo doméstico y de cuidados como la base de un iceberg, que no se ve pero que sostiene toda la parte que sobresale del agua, simbolizando lo que se conoce como riqueza invisible del cuidado.
- **Cuidatoriado:** este concepto se crea con la intención de dar nombre a todo el grupo social que se encarga de los cuidados y el trabajo en los hogares, que constituye una fuerza de trabajo entendida como una clase social que aporta al capital de los países y permite el funcionamiento de las economías. Un grupo social que generalmente carece de reconocimiento, derechos y remuneración.
- **Escala Durán:** es una herramienta para analizar las transiciones sociales y demográficas, el trabajo no remunerado y las tareas de cuidado. Permite medir cambios como el envejecimiento poblacional y cuantificar el tiempo y esfuerzo dedicados al cuidado, proyectando su demanda futura. Además, evidencia cómo estas labores generan desigualdades de género, ya que recaen principalmente en las mujeres.

 ## SABÍAS QUE...

Organismos internacionales como la Comisión Económica para América Latina y el Caribe o el Ministerio de Asuntos Sociales de Argentina han utilizado la escala Durán como herramienta de medición en sus estudios sobre usos del tiempo y trabajo doméstico no remunerado.

 ## ACTIVIDAD 3

El Instituto de Igualdad está desarrollando una guía para promover la revalorización del trabajo doméstico y de cuidado no remunerado. Marcos forma parte del equipo encargado de seleccionar las estrategias más adecuadas para incluir en la guía. Su tarea consiste en identificar la acción que mejor refleje una técnica de visibilización y reconocimiento de todas las propuestas presentadas. ¿Cuál de las siguientes acciones representa una técnica eficaz para visibilizar y reconocer el trabajo no remunerado? Selecciona la opción correcta.

a. Realizar campañas publicitarias que destaquen los productos de limpieza y su utilidad en el hogar.
b. Incorporar en las estadísticas oficiales el valor económico estimado del trabajo doméstico y de cuidado no remunerado.
c. Aumentar el número de contratos laborales en el sector servicios para reducir el desempleo.
d. Promover el teletrabajo para mejorar la productividad empresarial.

 ## ACTIVIDAD COMPLEMENTARIA

3. Analiza el siguiente caso y responde a la cuestión planteada

María, una ama de casa andaluza de 52 años, cuida a su padre dependiente. Dejó su empleo para dedicarse a su cuidado diario. Ha solicitado la prestación económica para cuidados en el entorno familiar y apoyo a personas cuidadoras no profesionales en Andalucía_como apoyo económico. ¿En

Continúa en página siguiente >>

<< *Viene de página anterior*

qué medida crees que esta prestación contribuye realmente a visibilizar y valorar el trabajo doméstico y de cuidados que realiza María? Analiza los pros y los contras.

Accede desde aquí a las características de dicha prestación.

https://redirectoronline.com/1404030302

---

3. Actividades de información y sensibilización sobre el trabajo doméstico no remunerado

👉 HILO CONDUCTOR

La situación de Sara evidencia la necesidad de sensibilizar a la sociedad sobre la importancia del trabajo doméstico y de cuidados. A través de campañas, talleres o programas educativos, se pretende informar y promover la corresponsabilidad entre hombres y mujeres, favoreciendo el reconocimiento social y la equidad en la distribución de las tareas del hogar.

Para apoyar las distintas estrategias y técnicas de visibilización del trabajo doméstico no remunerado, es crucial llevar a cabo **actividades de información y sensibilización** que tengan un alcance social para influir en el común de las personas y hacerles entender que, sin este trabajo esencial, el mundo no podría funcionar como lo hace.

 **DEFINICIÓN**

Actividades de información y sensibilización sobre el trabajo doméstico no remunerado

Buscan promover la comprensión y valoración de este trabajo, así como cuestionar la desigual distribución de estas tareas. Incluyen la educación sobre la división sexual del trabajo, su impacto social y económico, la realización de talleres participativos y campañas de comunicación, y el impulso del debate público y el análisis crítico de los medios para destacar el valor real de estas actividades.

Entre las **actividades de información** destacan acciones como:

> **Talleres y charlas educativas**
> - Para introducir y explicar conceptos fundamentales como trabajo doméstico, cuidado, género y roles sociales, entender cómo se construyen los estereotipos de género y presentar datos y estadísticas que evidencien la carga desigual que recae mayormente sobre las mujeres.

> **Análisis de medios y mensajes**
> - Realizar ejercicios de lectura crítica de textos, imágenes, anuncios publicitarios para detectar y cuestionar estereotipos de género, y promover la reflexión sobre cómo los medios representan las tareas domésticas y a quiénes se asignan.

Entre las **actividades de sensibilización** destacan acciones como:

- **Debates, seminarios y conversatorios:** organización de foros o mesas redondas sobre las implicaciones sociales y económicas del trabajo doméstico no remunerado, y creación de espacios de diálogo donde las personas compartan sus experiencias y reflexiones personales.
- **Dramatizaciones y juegos de rol:** implementación de dinámicas teatrales, como el teatro del oprimido, para experimentar las desigualdades en la distribución de las tareas del hogar, y recreación de situaciones cotidianas que permitan analizar y debatir la asignación de responsabilidades domésticas.

⮑ **Campañas de comunicación:** diseñar campañas en redes sociales y medios de comunicación tradicionales que visibilicen la problemática, con mensajes claros y directos, y elaboración de materiales informativos de fácil acceso y amplia distribución.

3.1. Uso de campañas publicitarias para informar y sensibilizar sobre el trabajo doméstico no remunerado

El reconocimiento de la importancia del trabajo doméstico no remunerado tiene un importante apoyo en los **medios de comunicación.** Estos se presentan como una **plataforma** potentísima para dar visibilidad y promover nuevos roles de género en las tareas domésticas y de cuidados que impliquen a todo el entorno familiar, basados en la igualdad y en la corresponsabilidad entre mujeres y hombres, incluyendo también a los más jóvenes del hogar.

Todos los miembros de la familia aportan al trabajo doméstico.

⊕ PARA SABER MÁS

Campaña "Ley del ya era hora de ser corresponsables y conciliar de verdad" de la Junta de Andalucía, Consejería de Inclusión Social, Juventud, Familias e Igualdad. Una campaña que apuesta por la creación de una ley ficticia de cinco

Continúa en página siguiente >>

<< Viene de página anterior

puntos repartidos en distintos *spots* publicitarios que apuestan por la conciliación en el ámbito familiar durante el verano y las vacaciones.

https://redirectoronline.com/1404030303

VÍDEO

Accede al vídeo sobre la campaña *Navidades corresponsables.*

https://redirectoronline.com/1404030304

3.2. Abordar la importancia del trabajo doméstico no remunerado en las aulas

Trabajar la **coeducación** → en las aulas implica educar desde la **igualdad** y la **no discriminación entre los sexos.** El aula se convierte en un espacio clave desde el cual poder influir en niños y niñas para ahondar en la importancia del trabajo doméstico no remunerado desde una perspectiva coeducativa, no solo empoderando a las niñas, sino responsabilizando a todos y todas por igual, dado que estas labores son esenciales para el buen funcionamiento de la sociedad.

Niños y niñas aportan al trabajo doméstico.

⊕ PARA SABER MÁS

Desde las instituciones y algunos proyectos de investigación, se han llevado a cabo proyectos de elaboración de material didáctico que sirve a los y las docentes para trabajar la coeducación en el aula, específicamente el trabajo doméstico y de cuidados no remunerado, como eje vertebrador para la vida. Algunos ejemplos de material didáctico son los siguientes:

https://redirectoronline.com/1404030305

https://redirectoronline.com/1404030306

TAREA 3

La asociación de mujeres del barrio de Sara está organizando una campaña de sensibilización titulada "Sin el trabajo en casa, el mundo se detiene". La campaña incluye carteles con mensajes que muestran cuánto tiempo dedican las mujeres a las tareas domésticas y de cuidado, un pequeño vídeo y un coloquio abierto en el que se discute sobre la importancia de repartir el trabajo en el hogar de manera equitativa. ¿Por qué crees que actividades como esta son importantes para visibilizar y reconocer el valor del trabajo doméstico no remunerado en nuestra sociedad?

4. Resumen

El reconocimiento y la visibilización del trabajo doméstico no remunerado son pasos fundamentales hacia la igualdad de género y la justicia social. Las estrategias y políticas analizadas en esta unidad evidencian que la distribución equitativa de las tareas de cuidado, el fortalecimiento de los sistemas públicos de apoyo y la incorporación de la perspectiva de género en las políticas sociales son esenciales para transformar las estructuras tradicionales.

Organismos internacionales como la ONU o la Unión Europea, junto con las políticas nacionales como el Sistema Estatal de Cuidados y el Plan Corresponsables, impulsan una nueva cultura de corresponsabilidad que valora el cuidado como un derecho y una inversión social. Impulsan:

- Estrategias y técnicas de reconocimiento y visibilización.

- Políticas públicas, organismos no gubernamentales, investigación.

- Fundamentales para la transformación de las estructuras tradicionales asociadas al trabajo doméstico y de cuidados.

Asimismo, las actividades de información y sensibilización, contribuyen a romper estereotipos, promover el reconocimiento del valor económico y social de estas tareas, y formar una ciudadanía más consciente y comprometida con la igualdad. Entre estas actividades, reconocemos:

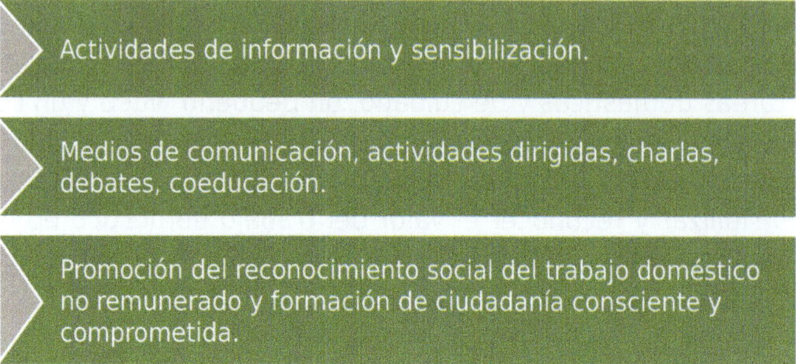

En definitiva, visibilizar y dignificar el trabajo doméstico no remunerado no solo significa reconocer su aporte al desarrollo económico, sino también avanzar hacia una sociedad más justa, inclusiva y corresponsable.

Ejercicios de autoevaluación
Unidad de Aprendizaje 3

1. Determina si la siguiente afirmación es verdadera o falsa: "Excluir el trabajo doméstico de las mediciones económicas impide reflejar su impacto real en la generación de riqueza y bienestar".

   - Verdadero
   - Falso

2. ¿Por qué la redistribución de las responsabilidades domésticas se considera una acción clave en el reconocimiento del trabajo no remunerado?

   a. Porque reduce los conflictos familiares sin afectar las estructuras de poder.
   b. Porque fomenta la igualdad de género al compartir equitativamente el tiempo y la carga de cuidados.
   c. Porque incrementa la productividad laboral de las mujeres fuera del hogar.
   d. Porque implica que los hombres asuman únicamente tareas de mantenimiento.

3. Determina si la siguiente afirmación es verdadera o falsa: "Los permisos parentales remunerados son un ejemplo de política pública que puede reconocer indirectamente el valor del trabajo doméstico y de cuidados".

   - Verdadero
   - Falso

4. Determina si la siguiente afirmación es verdadera o falsa: "La distribución de las tareas del hogar no tiene relación con la igualdad de género, ya que se trata de una cuestión privada".

   - Verdadero
   - Falso

5. **Determina si la siguiente afirmación es verdadera o falsa: "Implementar políticas de igualdad salarial y eliminar sesgos de género en la promoción laboral son estrategias vinculadas al reconocimiento del trabajo no remunerado".**

   - ■ Verdadero
   - ■ Falso

6. **El concepto de "cuidatoriado" permite comprender que:**

   a. Las personas que realizan trabajos de cuidados conforman un grupo social sin incidencia económica.
   b. El cuidado es una responsabilidad exclusivamente individual y no tiene dimensión social.
   c. Existe una clase social que sostiene las economías a través del trabajo de cuidados, frecuentemente sin derechos ni reconocimientos.
   d. Los cuidadores, como grupo social, deben tener un nombre.

7. **La escala Durán resulta una herramienta clave porque:**

   a. Permite identificar únicamente los ingresos monetarios del trabajo doméstico.
   b. Analiza y cuantifica el tiempo y esfuerzo dedicados al trabajo no remunerado, revelando desigualdades de género y ayudando a proyectar políticas sociales
   c. Sustituye las encuestas de empleo tradicionales en todos los países latinoamericanos.
   d. Evalúa la productividad de las empresas privadas en relación con el tiempo de ocio.

8. **¿Cuál de las siguientes acciones representa mejor una estrategia de visibilización del trabajo no remunerado desde una perspectiva estructural y no meramente simbólica?**

   a. Incluir ocasionalmente el tema del cuidado en campañas publicitarias.
   b. Incorporar el trabajo de cuidados en estadísticas nacionales y políticas públicas.
   c. Realizar talleres domésticos solo con mujeres.
   d. Promover la contratación privada de servicios de limpieza.

9. Determina si la siguiente afirmación es verdadera o falsa: "Promover
   la educación y la sensibilización sobre el valor del cuidado contribuye a modificar percepciones culturales que perpetúan su invisibilidad".

   - Verdadero
   - Falso

10. Determina si la siguiente afirmación es verdadera o falsa: "Valorar
    el trabajo doméstico dentro del hogar, aunque no sea remunerado,
    contribuye a desmontar los estereotipos de género tradicionales".

    - Verdadero
    - Falso

Estrategias y herramientas para favorecer la corresponsabilidad en el ámbito doméstico y los cuidados para la vida

Contenido

Objetivos

Los objetivos específicos de esta Unidad de Aprendizaje son:

→ Comprender el concepto de corresponsabilidad y los diferentes contextos en los cuales esta debe desarrollarse.

→ Entender las dificultades que entraña la consecución de la corresponsabilidad debido a la persistencia de los estereotipos de género en el hogar.

→ Conocer estrategias y herramientas para favorecer la corresponsabilidad en el ámbito doméstico y los cuidados para la vida.

→ Seleccionar estrategias que potencian la corresponsabilidad de hombres y mujeres de los cuidados para la vida.

1. Introducción

La corresponsabilidad en el ámbito doméstico y los cuidados se ha convertido en un eje fundamental para avanzar hacia una sociedad más igualitaria. A pesar de los cambios sociales y de la incorporación creciente de las mujeres al mercado laboral, ellas continúan asumiendo la mayor parte de las tareas del hogar y del cuidado, debido a estereotipos de género profundamente arraigados.

Comprender qué es la corresponsabilidad, cómo se relaciona con los roles tradicionales y qué estrategias pueden aplicarse en distintos contextos —el hogar, la escuela, el trabajo y las instituciones— resulta esencial para construir relaciones más justas y promover una cultura de igualdad.

Es necesario ofrecer un recorrido por los conceptos, problemáticas, estrategias y herramientas necesarias para fomentar una distribución equitativa de las responsabilidades domésticas y de cuidado, así como para impulsar la formación de parejas igualitarias y entornos corresponsables.

El caso de Sara nos servirá como hilo conductor para comprender qué significa la corresponsabilidad y los diferentes contextos en los cuales esta debe darse, las dificultades que afronta la consecución de la corresponsabilidad en los hogares debido a la persistencia de los estereotipos de género y qué estrategias y herramientas pueden implementarse para favorecer la corresponsabilidad entre mujeres y hombres en el ámbito doméstico y de los cuidados para la vida.

2. Corresponsabilidad: definición y contextos

 **HILO CONDUCTOR**

La situación de Sara revela una distribución desigual del trabajo doméstico y de cuidados. Desde aquí se entiende la corresponsabilidad como el reparto equilibrado de estas tareas entre los miembros del hogar y con apoyo de la comunidad, el Estado y las empresas. Su historia permite situar esta definición en contextos concretos y observar las consecuencias de la falta de responsabilidad.

Uno de los términos más relevantes a la hora de reflexionar sobre trabajo doméstico es el de **corresponsabilidad,** pues, por un lado, pone en discusión la carga de trabajo que soportan las mujeres en el ámbito del hogar y, por otro, hace un llamado a los varones para que tomen su parte de responsabilidad.

DEFINICIÓN

Correspondabilidad

Consiste en compartir de forma equitativa las tareas del hogar y responsabilidades familiares, como la organización, el cuidado, la educación y la atención afectiva de las personas dependientes, con el objetivo de lograr una distribución justa del tiempo y la carga de responsabilidades entre mujeres y hombres.

Actualmente, la realidad continúa siendo que las mujeres soportan un porcentaje mayor de la carga de trabajo doméstico y de cuidados, independientemente de factores como la incorporación femenina al mercado de trabajo, el número de hijos o la clase social. En los últimos años, ciertos comportamientos sexistas en cuanto al cuidado y las labores del hogar han ido cambiando; sin embargo, queda mucho por hacer.

Los datos con respecto a la correspondabilidad en los hogares hablan de:

- **Mayor participación de los hombres, pero mayor responsabilidad femenina:** si bien la participación de los varones en las responsabilidades del hogar y el cuidado ha supuesto un aumento en las últimas décadas, la tendencia continúa siendo que las mujeres asumen mayores responsabilidades.
- **El trabajo doméstico y su relación perpetua con las mujeres:** aunque el pensamiento general también haya cambiado, el arraigo de que las mujeres deben hacerse cargo del hogar y de que lo hacen mejor aún continúa estando muy presente.
- **Menor poder de decisión y estatus de las mujeres en el hogar:** a pesar de que las mujeres hayan obtenido libertades sociales, culturales y económicas, en el hogar continúa la tendencia de subyugación marital. Es decir, las decisiones siguen estando en manos de los varones más que de las mujeres en el seno del hogar.
- **Carencias de cambio con el teletrabajo:** si bien parecía que el teletrabajo mejoraría las dificultades de conciliación parental, lo cierto es que, aunque los hombres participan más en las labores del hogar cuando trabajan desde casa, en el caso de las mujeres que teletrabajan, el trabajo doméstico y de cuidados se duplica.
- **Desajuste de tiempos:** la disminución del tiempo que las mujeres dedican a las labores del hogar no se traduce en un aumento del tiempo que

dedican los varones, sino en una carencia del tiempo total destinado a aquellas. Es decir, que el tiempo que no se dedica por parte de las mujeres al trabajo doméstico son tareas que se quedan sin hacer.

Los diferentes **contextos** en los cuales debe promoverse la corresponsabilidad para poder hacerse efectiva en el ámbito doméstico implican no solo al hogar, sino al resto de agentes que intervienen en la vida cotidiana de las familias:

- **El hogar:** la corresponsabilidad en el hogar se traduce en la distribución equitativa de las tareas domésticas y de cuidado entre todos los miembros familiares, sin distinción alguna de género, edad o rol. Implica compartir las responsabilidades de manera justa, cooperar en la toma de decisiones y reconocer que el bienestar del hogar es una tarea común.

- **La escuela:** la corresponsabilidad en la escuela se traduce en la participación conjunta y equilibrada de estudiantes, docentes, directivos y familias en el proceso educativo. Supone que cada actor asume la parte de responsabilidad que le toca, favoreciendo un ambiente de respeto, equidad y colaboración.

- **El trabajo:** la corresponsabilidad en el trabajo se traduce en el compromiso compartido entre empleadores y trabajadores para lograr un equilibrio entre la vida laboral, personal y familiar. Consiste en que las organizaciones faciliten condiciones justas y que las personas empleadas asuman su papel activo en el cumplimiento de metas comunes.

- **Las instituciones:** la corresponsabilidad desde las instituciones tanto públicas como privadas se traduce en el compromiso activo de estas en la creación de condiciones que promuevan la equidad, la conciliación y la participación compartida entre todos los sectores de la sociedad. Implica diseñar políticas, programas y servicios que favorezcan la igualdad de oportunidades y el reparto justo de responsabilidades entre mujeres y hombres, así como entre el Estado, las familias y la comunidad.

3. Corresponsabilidad y estereotipos de género en el hogar

 **HILO CONDUCTOR**

El rol que desempeña Sara refleja cómo los estereotipos de género siguen asignando a las mujeres tareas de cuidado. Su experiencia muestra la naturalización de estas expectativas y la infravaloración del trabajo doméstico, que reproduce desigualdades dentro de la familia.

Para comprender qué significan los estereotipos de género, primero se debe conocer qué es un estereotipo y cómo influye en la percepción sociocultural.

DEFINICIÓN

Estereotipos

Son ideas o imágenes generalizadas y simplificadas que se crean de las personas según el grupo social al que pertenecen. A estos grupos se les atribuyen ciertas características, comportamientos o actitudes que se espera de ellos. En la mayoría de los casos, los estereotipos tienen un sentido negativo, ya que presentan una visión distorsionada, poco informada y desvalorizada de ciertos colectivos sociales.

Todos los estereotipos comparten tres rasgos principales:

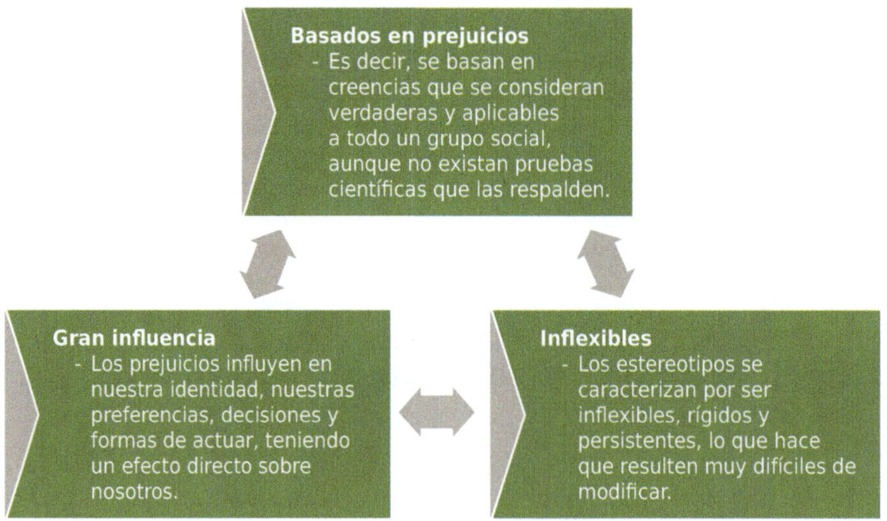

Estas tres cuestiones propician la normalización de roles o estereotipos, la discriminación, el acoso y la violencia y la generación de sufrimiento por el grupo o grupos que se ven afectados.

Establecidas las bases para comprender cómo funcionan los estereotipos en general, podemos acercarnos a los estereotipos de género en particular.

DEFINICIÓN

Estereotipos de género

Ideas o representaciones simplificadas, erróneas y poco precisas que se atribuyen a mujeres y hombres únicamente por su sexo. Estos estereotipos se consideran sexistas cuando reflejan o legitiman la superioridad y el poder de un sexo —generalmente masculino— sobre otro —generalmente femenino—.

Persistencia de los roles de género

De manera específica, los estereotipos de género se basan en prejuicios que se sustentan en características biológicas y psicológicas de naturaleza errónea y en la propia costumbre o herencia histórica. Por tanto, estos estereotipos de género tienen una naturaleza cultural que puede ser interferida, transformada y deconstruida. A las mujeres se les atribuye mayor sensibilidad, paciencia y empatía, y a los varones mayor inteligencia, ambiciones, fuerza y capacidad de liderazgo.

Desde la perspectiva del cuidado y el trabajo doméstico, los estereotipos de género respecto a hombres y mujeres son:

⮞ **El "hombre de verdad":** existen diversas formas de ser hombre, pero el peso de la masculinidad tradicional es tan fuerte que parece imponer un solo modelo, conocido como *masculinidad hegemónica.* Los hombres que se apartan de ese patrón suelen ser criticados o incluso ridiculizados de manera injusta. La masculinidad tradicional se asocia con la idea de que el hombre debe ser fuerte, competitivo, poco expresivo emocionalmente, exitoso en lo laboral y lo económico y con capacidad de ejercer poder y control. Este modelo rechaza todo lo considerado "femenino", incluyendo las labores del hogar y del cuidado. Ideas que influyen en la percepción que los hombres tienen de sí mismos y de la visión que deben ofrecer a las demás personas.

⊃ **Las "supermujeres":** en el pasado, la feminidad tradicional se centraba en la maternidad, el hogar y el cuidado, dejando a las mujeres fuera del ámbito laboral. Hoy, ese modelo convive con otro que combina esas expectativas con las exigencias de una mujer moderna e independiente, dando lugar al perfil de las supermujeres. Estas mujeres enfrentan una doble presión, la de ser madres y cuidadoras ejemplares, y al mismo tiempo, trabajadoras destacadas en entornos que a veces resultan discriminatorios. Esto ha generado la necesidad de conciliar la vida laboral y familiar, así como de fomentar la corresponsabilidad, ya que, aunque las mujeres se han incorporado al trabajo, los hombres no lo han hecho en igual medida al hogar.

 **IMPORTANTE**

Estos estereotipos de género respecto a las tareas domésticas y del cuidado hacen que el reparto de labores en el hogar se vea afectado, de modo que son las mujeres las que se suelen hacer cargo de trabajos como hacer la colada, planchar o limpiar los baños, mientras que los varones se centran en realizar las reparaciones de casa.

Respecto a las tareas compartidas de forma igualitaria, estas son las de hacer la compra, mantenimiento de limpieza del hogar, tender la ropa y preparar las comidas. En cuanto al cuidado de los hijos, continúan siendo las mujeres las que se ocupan en mayor proporción.

3.1. Hacia la construcción de parejas igualitarias

Para romper con los estereotipos de género en el trabajo doméstico y de cuidados se necesita construir relaciones igualitarias, que impongan un equilibrio entre el trabajo dentro y fuera de casa y el cuidado de los hijos.

DEFINICIÓN

Pareja igualitaria

Es aquella en la que ambos integrantes comparten de forma equilibrada las tareas del hogar y las responsabilidades de cuidado de los hijos e hijas. En este tipo de relación, cada persona valora por igual su tiempo y asume una parte justa de las obligaciones familiares. Se basan en la conciliación y en la corresponsabilidad.

El reparto de las tareas domésticas y del cuidado de los hijos en una pareja igualitaria requiere acuerdos que definan las responsabilidades y el tiempo que cada persona dedica al hogar. Esta distribución influye directamente en el equilibrio entre la vida personal y profesional, en el bienestar emocional de ambos y en la calidad de la relación.

Además, cuando hay hijos, el estado emocional de los padres afecta a su vínculo con ellos y, por tanto, a su desarrollo y al clima general del hogar.

Entre los beneficios que tiene construir una pareja igualitaria encontramos:

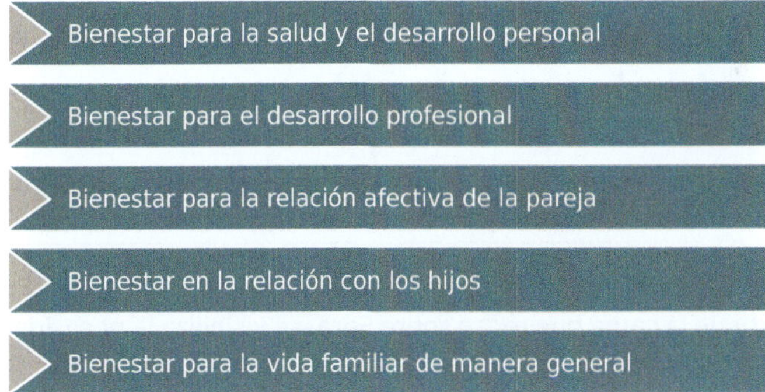

ACTIVIDAD COMPLEMENTARIA

4. Analiza el siguiente caso y responde a la cuestión planteada:

Continúa en página siguiente >>

<< Viene de página anterior

La historia de Sara ejemplifica la situación de miles de mujeres que asumen en solitario o con muy poca ayuda las labores domésticas y de cuidado. La noticia "La quimera de la corresponsabilidad en España" muestra las tendencias actuales de la sociedad respecto a la corresponsabilidad y al reparto equitativo del trabajo doméstico. ¿Por qué según los datos de la noticia las mujeres siguen siendo las principales responsables de los cuidados? Explica al menos tres razones apoyándote en el documento aportado. Puedes acceder a la noticia desde aquí:

https://redirectoronline.com/1404030401

4. Estrategias y herramientas para favorecer la corresponsabilidad en el ámbito doméstico y los cuidados para la vida

👉 HILO CONDUCTOR

A partir de la carga que recae sobre Sara, se visibiliza la necesidad de promover estrategias y herramientas que mejoren la situación de las mujeres con respecto al trabajo doméstico. Su caso ayuda a entender por qué es imprescindible avanzar hacia hogares más corresponsables y equitativos, promoviendo acciones desde los hogares, los lugares de trabajo, la escuela y las instituciones.

Para alcanzar el objetivo final de la corresponsabilidad en el ámbito doméstico entre mujeres y hombres, se deben poner en práctica estrategias y herramientas que favorezcan dicha meta. La diferencia entre estrategias y herramientas para favorecer la corresponsabilidad se basa en el nivel de alcance y función entre una y otra.

DEFINICIÓN

Estrategia

Está basada en un plan o enfoque general que orienta las acciones que se van a realizar para alcanzar un objetivo concreto. Define qué se quiere lograr y cómo se va a lograr.

Herramienta

Es un recurso o medio concreto que se utiliza dentro de una estrategia para llevarla a cabo. Sirve para apoyar o ejecutar las acciones planificadas en la estrategia.

EJEMPLO

Un ejemplo de estrategia y sus herramientas asociadas sería:

Diseñar una campaña educativa para que hombres y mujeres compartan equitativamente las tareas domésticas sería una estrategia, y las guías, infografías, talleres o recursos visuales en medios de comunicación serían herramientas de apoyo.

Los contextos en los que pueden aplicarse las distintas estrategias y herramientas para favorecer la corresponsabilidad en el ámbito doméstico y los cuidados para la vida entre hombres y mujeres son:

Aprender técnicas y estrategias para favorecer la corresponsabilidad

---

4.1. Estrategias y herramientas en el hogar para favorecer la corresponsabilidad en el ámbito doméstico y los cuidados para la vida

La promoción de la **corresponsabilidad en el hogar** exige no solo voluntad, sino la **adopción de estrategias y herramientas concretas** que faciliten la distribución equitativa del trabajo doméstico y de cuidados. Algunas propuestas prácticas que permiten organizar, visibilizar y equilibrar las responsabilidades familiares, fomentando dinámicas más justas y sostenibles para la vida cotidiana en el hogar, son:

- **Plan familiar de reparto equitativo de tareas:** el objetivo de esta estrategia es el de fomentar la colaboración y distribución justa de tareas domésticas entre todos los miembros del hogar. Para ello, se utilizarían herramientas como un cuadro semanal de tareas, aplicaciones de organización del hogar y reuniones familiares.
- **Educación en corresponsabilidad desde la infancia:** el **objetivo** de esta **estrategia** es el de enseñar a niños y niñas el valor de las responsabilidades del hogar desde pequeños. Para ello, se podrán utilizar herramientas como cuentos o vídeos educativos, juegos cooperativos o fichas de tareas adaptadas a cada etapa.
- **Comunicación familiar y acuerdos conjuntos:** el objetivo de esta estrategia es el de promover el diálogo y la toma de decisiones compartida sobre la gestión del hogar. Las herramientas pueden ser establecer espacios de diálogo semanal, el uso de pizarras o aplicaciones de acuerdos familiares, y dinámicas de mediación.

⮑ **Promoción de roles igualitarios:** el objetivo de esta estrategia es el de cuestionar los estereotipos tradicionales sobre las labores consideradas masculinas o femeninas en el contexto del hogar. Para ello se podrán utilizar herramientas como charlas en familia, materiales audiovisuales sobre igualdad o lectura conjunta de historias con modelos igualitarios.

4.2. Estrategias y herramientas en la escuela para favorecer la corresponsabilidad en el ámbito doméstico y los cuidados para la vida

La escuela desempeña un papel fundamental en la construcción de valores y prácticas que promuevan la igualdad y la corresponsabilidad. Más allá de los contenidos académicos, el ámbito educativo ofrece oportunidades para reflexionar sobre la organización de la vida cotidiana, los cuidados y la importancia de repartir de manera equitativa las tareas del hogar. Algunas estrategias y herramientas pedagógicas que permiten integrar estos valores en la dinámica escolar son:

⮑ **Proyectos educativos de igualdad y corresponsabilidad:** el objetivo de esta estrategia es el de integrar estos valores en las actividades y contenidos del aula. Las herramientas que pueden utilizarse como vía para ello son la elaboración de unidades didácticas, talleres participativos, murales o campañas escolares.

⮑ **Aprendizaje cooperativo con juegos de rol:** el objetivo de esta estrategia es el de promover la corresponsabilidad del trabajo en equipo simulando un hogar, estableciendo roles precisos y fomentando que todos los alumnos aporten a las actividades propuestas por igual. Las herramientas utilizadas pueden ser rúbricas de participación equitativa, roles rotativos en equipo y evaluación grupal e individual.

⮑ **Formación docente en corresponsabilidad y género:** el objetivo de esta estrategia es el de sensibilizar al profesorado sobre la importancia de modelar conductas corresponsables en el alumnado. Las herramientas para lograrlo pueden ser el acceso a cursos de capacitación, guías pedagógicas o foros de intercambio de buenas prácticas.

⮑ **Implicación de las familias:** el objetivo de esta estrategia es el de vincular a madres y padres en actividades escolares sobre igualdad, ofreciendo un puente entre la escuela y el hogar. Las herramientas propuestas pueden ser la celebración de charlas y encuentros familiares, campañas de sensibilización, folletos o boletines escolares.

4.3. Estrategias y herramientas en el trabajo para favorecer la corresponsabilidad en el ámbito doméstico y los cuidados para la vida

El entorno laboral es un espacio clave para impulsar la corresponsabilidad, ya que las condiciones de trabajo influyen directamente en la organización del hogar y los cuidados. Promover prácticas que faciliten la conciliación no solo mejora el bienestar de las personas trabajadoras, sino que también contribuye a una distribución más equilibrada de las responsabilidades familiares. Algunas de las estrategias y herramientas que las empresas y organizaciones pueden adoptar para favorecer entornos laborales más corresponsables son:

- **Políticas de conciliación laboral y familiar:** el objetivo de esta estrategia es el de crear condiciones que faciliten el equilibrio de la vida personal y laboral. Algunas herramientas pueden ser el teletrabajo, horarios flexibles o permisos parentales equitativos.
- **Formación en igualdad y corresponsabilidad:** el objetivo de esta estrategia es capacitar al personal en temas de igualdad, género y corresponsabilidad. Como herramientas se pueden utilizar cursos presenciales o virtuales, cápsulas informativas o campañas externas.
- **Espacios de apoyo y bienestar:** el objetivo de esta estrategia es el de favorecer entornos laborales que respeten el tiempo personal y de descanso. Algunas herramientas para implementarla son la promoción de programas de bienestar, acompañamiento psicológico o asesoramiento familiar.

4.4. Estrategias y herramientas en las instituciones para favorecer la corresponsabilidad en el ámbito doméstico y los cuidados para la vida

Las instituciones públicas desempeñan un rol decisivo en la promoción de la corresponsabilidad, pues sus políticas, recursos y marcos normativos tienen un impacto directo en la organización social de los cuidados y en la vida cotidiana de las familias. A través de medidas integrales, programas de apoyo y acciones de sensibilización, pueden generar entornos que favorezcan la igualdad y la distribución equitativa de las tareas domésticas. Algunas de las estrategias y herramientas institucionales orientadas a fortalecer una cultura de la corresponsabilidad que beneficie al conjunto de la ciudadanía son:

- **Campañas de sensibilización y educación:** el objetivo de esta estrategia es el de concienciar sobre la importancia de compartir responsabilidades domésticas. Algunas de las herramientas implementadas pueden ser el desarrollo de talleres educativos, material audiovisual, publicaciones en redes, charlas y conferencias.

- **Programas de formación y capacitación:** el objetivo de esta estrategia es el de brindar conocimientos prácticos sobre gestión doméstica, conciliación y planificación familiar. Las herramientas utilizadas pueden ser la elaboración y puesta a disposición de cursos *online* o presenciales, manuales y guías, aplicaciones de planificación de tareas u horarios compartidos.
- **Políticas públicas y normativas de apoyo:** el objetivo de esta estrategia es generar incentivos institucionales que promuevan la corresponsabilidad. Para ello se pueden utilizar herramientas como licencias parentales equitativas, beneficios fiscales, flexibilidad laboral o teletrabajo.
- **Redes de apoyo comunitario:** el objetivo de esta estrategia es facilitar espacios para compartir experiencias y apoyo mutuo. Para ello se pueden implementar herramientas como la creación de grupos de apoyo vecinal o comunitario, plataformas digitales de intercambio de servicios, clubes de padres y padres en escuelas o centros de salud.
- **Monitoreo y evaluación de avances:** el objetivo de esta estrategia es medir la efectividad de las estrategias para llevar a cabo una mejora continua. Son herramientas útiles las encuestas y cuestionarios, observatorios de igualdad y corresponsabilidad e informes de buenas prácticas.
- **Promoción de modelos positivos:** el objetivo de esta estrategia es visibilizar ejemplos de corresponsabilidad para inspirar cambios culturales. Para ello se pueden utilizar herramientas como historias y testimonios en medios, premios y reconocimientos o campañas con figuras públicas influyentes.

 ## ACTIVIDAD 4

Alejandro y Lucía viven juntos y comparten responsabilidades en el hogar, pero Lucía sigue realizando la mayor parte de los cuidados y las tareas domésticas. Ambos deciden diseñar un plan para lograr una corresponsabilidad real no solo en su casa, sino también para ayudar a otras familias de su entorno, y para ello analizan posibles estrategias y herramientas que podrían implementar. ¿Cuáles de las siguientes opciones representan correctamente estrategias y herramientas para favorecer la corresponsabilidad en el hogar? Selecciona todas las opciones que consideres correctas.

a. Crear un calendario semanal donde se reparten equitativamente las tareas domésticas y los cuidados de los hijos.

Continúa en página siguiente >>

<< Viene de página anterior

b. Diseñar una campaña educativa en la escuela para enseñar a niñas y niños a compartir tareas domésticas en sus casas.

c. Comprar electrodomésticos que faciliten las tareas del hogar, como lavavajillas o robots de limpieza.

d. Publicar una infografía en redes sociales explicando cómo repartir responsabilidades entre hombres y mujeres.

 **TAREA 4**

Marta es directora de una pequeña empresa y madre de dos hijos. En su hogar, las tareas domésticas y los cuidados recaen principalmente sobre su pareja, Pablo, que trabaja desde casa a tiempo parcial, mientras que Marta gestiona la mayoría de las actividades escolares de los hijos, la planificación de las comidas y citas médicas de la familia. En la escuela de sus hijos, Marta observa que los profesores suelen asumir que los cuidados y la organización de los deberes son responsabilidad de las madres. Además, en su trabajo las políticas de conciliación son mínimas y poco flexibles, y percibe que las instituciones locales ofrecen pocos recursos de apoyo para familias que buscan repartir equitativamente las responsabilidades domésticas. ¿Cómo podrían implementarse estrategias y herramientas en los distintos contextos (hogar, escuela, trabajo e instituciones) para fomentar la corresponsabilidad y un reparto más equitativo de las tareas domésticas y los cuidados a partir del caso de Marta?

---

5. Resumen

La corresponsabilidad implica compartir de manera equitativa las tareas del hogar y las responsabilidades de cuidado entre mujeres y hombres. Aunque se han producido avances, persisten desigualdades derivadas de estereotipos de género que asignan a las mujeres el rol principal en los cuidados y a los hombres el rol proveedor. Estos estereotipos influyen en la vida cotidiana, las dinámicas familiares y la organización social, dificultando la construcción de relaciones igualitarias:

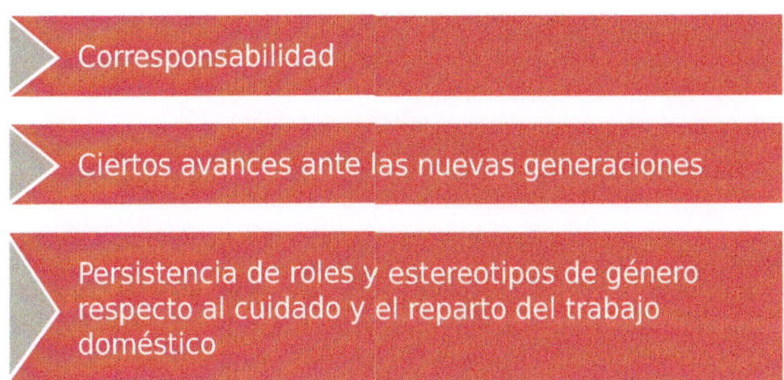

Para invertir esta situación, es necesario actuar en cuatro ámbitos clave: el hogar, la escuela, el trabajo y las instituciones. En cada uno de ellos existen estrategias específicas —como planes de organización familiar, proyectos educativos, políticas de conciliación o campañas institucionales— y herramientas concretas que permiten promover la participación equitativa y transformar patrones culturales:

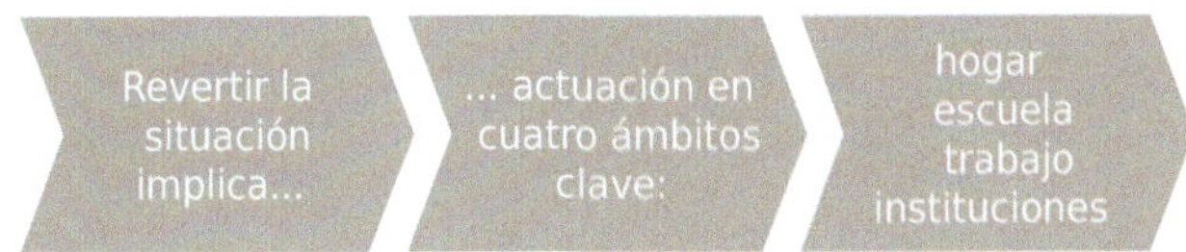

En definitiva, la corresponsabilidad no solo mejora el bienestar emocional, profesional y familiar, sino que contribuye al desarrollo integral de las personas y al equilibrio social. Alcanzarla requiere cambios individuales, colectivos y estructurales, así como un compromiso conjunto para construir hogares y comunidades más justas e igualitarias.

Ejercicios de autoevaluación
Unidad de Aprendizaje 4

1. Determina si la siguiente afirmación es verdadera o falsa: "La corresponsabilidad implica un reparto equitativo de las tareas domésticas entre mujeres y hombres, partiendo de los roles tradicionales".

   ■ Verdadero
   ■ Falso

2. Determina si la siguiente afirmación es verdadera o falsa: "El teletrabajo ha solucionado gran parte de los problemas de conciliación familiar, equilibrando el reparto de las tareas domésticas".

   ■ Verdadero
   ■ Falso

3. ¿Cuál de los siguientes factores dificulta la corresponsabilidad en el hogar?

   a. La disminución del teletrabajo.
   b. La persistencia de estereotipos de género que asignan a las mujeres el rol de cuidadoras.
   c. La reducción del tiempo libre de los hombres.
   d. El aumento de campañas públicas sobre igualdad.

4. ¿Cuál de los siguientes es un ejemplo de herramienta para una estrategia de corresponsabilidad en el hogar?

   a. Promover roles igualitarios.
   b. Realizar reuniones familiares semanales para acordar responsabilidades.
   c. Diseñar políticas públicas de conciliación.
   d. Crear campañas educativas en la escuela.

5. Determina si la siguiente afirmación es verdadera o falsa: "Las instituciones públicas pueden favorecer la corresponsabilidad mediante políticas como licencias parentales equitativas o beneficios fiscales".

   ■ Verdadero
   ■ Falso

6. ¿Qué estrategia escolar ayuda a promover la igualdad y la corresponsabilidad entre el alumnado?

   a. Flexibilidad horaria para el profesorado.
   b. Programas de bienestar laboral.
   c. Proyectos educativos de igualdad y corresponsabilidad.
   d. Licencias parentales equitativas.

7. ¿Cuál de las siguientes prácticas corresponde a una estrategia del ámbito laboral para fomentar la corresponsabilidad?

   a. Crear campañas familiares de sensibilización.
   b. Ofrecer cursos de capacitación en igualdad y corresponsabilidad.
   c. Establecer horarios flexibles y teletrabajo.
   d. Crear grupos de apoyo vecinal.

8. Determina si la siguiente afirmación es verdadera o falsa: "Una estrategia es un plan general orientado a lograr un objetivo, mientras que una herramienta es un recurso concreto que ayuda a ejecutarlo".

   ■ Verdadero
   ■ Falso

9. En el ámbito institucional, una herramienta que permite poner en práctica campañas de sensibilización sobre corresponsabilidad es:

   a. La elaboración de material audiovisual y charlas públicas.
   b. El reparto equitativo dentro del hogar.
   c. La aplicación de roles rotativos en la escuela.
   d. La organización de reuniones familiares.

10. **Determina si la siguiente afirmación es verdadera o falsa: "Los estereotipos de género son flexibles y fáciles de modificar, aunque influyen de manera significativa en la organización doméstica".**

    - Verdadero
    - Falso

Glosario

Actividades de información y sensibilización sobre el trabajo doméstico no remunerado

Buscan promover la comprensión y valoración de este trabajo, así como cuestionar la desigual distribución de estas tareas. Incluyen la educación sobre la división sexual del trabajo, su impacto social y económico, la realización de talleres participativos y campañas de comunicación, y el impulso del debate público y el análisis crítico de los medios para destacar el valor real de estas actividades.

Brecha de género en el cuidado

Se refiere a la desigual distribución en el reparto de las tareas de cuidado y del trabajo doméstico entre hombres y mujeres.

Brecha de género en el cuidado de los hijos

Hace referencia a la diferencia existente entre hombres y mujeres en la distribución de tareas relacionadas con el cuidado infantil. Tradicionalmente, son las mujeres quienes asumen la mayor parte de estas responsabilidades, lo que repercute de manera negativa en su desarrollo profesional, sus ingresos y sus futuras pensiones. Una desigualdad que proviene de los estereotipos de género que asocian el cuidado y la crianza como un rol principalmente femenino.

Brecha laboral de género

Hace referencia a las diferencias y desigualdades que existen entre mujeres y hombres en el ámbito del trabajo. Estas pueden manifestarse en aspectos como la disparidad salarial, el acceso limitado de las mujeres a cargos de liderazgo o la concentración en determinados tipos de empleo.

Brecha salarial

Es la diferencia de ingresos promedios de hombres y mujeres, expresada en porcentaje. Muestra no solo la diferencia de ingresos, sino diferencias estructurales que responden a desigualdades de género.

Corresponsabilidad

Consiste en compartir de forma equitativa las tareas del hogar y responsabilidades familiares, como la organización, el cuidado, la educación y la atención afectiva de las personas dependientes, con el objetivo de lograr una distribución justa del tiempo y la carga de responsabilidades entre mujeres y hombres.

Cuidados

Actividades que ayudan a recuperar y mantener el bienestar físico y emocional de las personas. Se trata de labores fundamentales para sostener la vida y el funcionamiento de la sociedad y la economía, que influyen de manera importante tanto en quienes reciben el cuidado como en quienes lo brindan.

Cuidatoriado

Este concepto se crea con la intención de dar nombre a todo el grupo social que se encarga de los cuidados y el trabajo en los hogares, que constituye una fuerza de trabajo entendida como una clase social que aporta al capital de los países y permite el funcionamiento de las economías. Un grupo social que generalmente carece de reconocimiento, derechos y remuneración.

División sexual del trabajo

Reparto y asignación del trabajo remunerado y no remunerado, tanto el que se realiza dentro del ámbito familiar como fuera de este, entre hombres y mujeres. Tradicionalmente, dicho reparto se ha hecho en función de los roles de género asignados a cada quien.

Escala Durán

Es una herramienta para analizar las transiciones sociales y demográficas, el trabajo no remunerado y las tareas de cuidado. Permite medir cambios como el envejecimiento poblacional y cuantificar el tiempo y esfuerzo dedicados al cuidado, proyectando su demanda futura. Además, evidencia cómo estas labores generan desigualdades de género, ya que recaen principalmente en las mujeres.

Estereotipos

Son ideas o imágenes generalizadas y simplificadas que se crean de las personas según el grupo social al que pertenecen. A estos grupos se les atribuyen ciertas características, comportamientos o actitudes que se esperan de ellos. En la mayoría de los casos, los estereotipos tienen un sentido negativo, ya que presentan una visión distorsionada, poco informada y desvalorizada de ciertos colectivos sociales.

Estereotipos de género

Se refieren a las ideas o representaciones simplificadas, erróneas y poco precisas que se atribuyen a mujeres y hombres únicamente por su sexo. Estos estereotipos se consideran sexistas cuando reflejan o legitiman la superioridad y el poder de un sexo —generalmente masculino— sobre otro —generalmente femenino—.

Estrategia

Está basada en un plan o enfoque general que orienta las acciones que se van a realizar para alcanzar un objetivo concreto. Define qué se quiere lograr y cómo se va a lograr.

Estrategias y técnicas de visibilización y reconocimiento del trabajo no remunerado

Son aquellas acciones destinadas a visibilizar y valorar el trabajo no remunerado. Abarcan desde la educación y la concienciación social, hasta la implementación de políticas públicas, pasando por la redistribución equitativa de las responsabilidades dentro del hogar y la vida privada, y la promoción de la igualdad en el entorno laboral.

Herramienta

Es un recurso o medio concreto que se utiliza dentro de una estrategia para llevarla a cabo. Sirve para apoyar o ejecutar las acciones planificadas en la estrategia.

Pareja igualitaria

Es aquella en la que ambos integrantes comparten de forma equilibrada las tareas del hogar y las responsabilidades de cuidado de los hijos e hijas. En este tipo de relación, cada persona valora por igual su tiempo y asume una parte justa de las obligaciones familiares. Se basa en la conciliación y en la corresponsabilidad.

Pobreza de tiempo

Reduce la posibilidad de participación de las mujeres en el ámbito laboral, educativo y recreativo, limitando sus oportunidades de obtener ingresos y desarrollarse profesionalmente.

Segregación ocupacional

Las mujeres suelen concentrarse en sectores con menor remuneración y están poco representadas en puestos de dirección o en sectores mejor pagados.

Sistema Estatal de Cuidados (SEC)

Se concibe como un sistema público de políticas integradas orientadas a construir una nueva organización social y cultural de los cuidados, reconociéndolos como un derecho universal, colectivo y singular. Su objetivo es avanzar hacia una corresponsabilidad fuerte entre Estado, comunidad, mercado y familias.

Trabajo asalariado

Aquel que realizan aquellas personas que trabajan a cambio de un sueldo, salario, remuneración, comisión o cualquier otra retribución en metálico o en especie, para un empresario (persona física o jurídica). Según el empleador sea público o privado se puede hablar de asalariados del sector público o del sector privado.

Bibliografía

Monografías

→ Comisión Europea: *Report on gender equality in the UE*. Luxemburgo: Oficina de Publicaciones de la Unión Europea, 2025.

> El *Informe para la igualdad de género 2025* presenta una visión general de los progresos y desafíos en materia de igualdad en el marco de la Unión Europea entre el periodo 2020-2025. Entre las varias cuestiones que examina se encuentra la situación de los cuidados y el trabajo doméstico no remunerado.

→ Instituto de las Mujeres: *Documento de bases por los cuidados*. Madrid: Catálogo de Publicaciones de la Administración General del Estado, 2023.

> Aborda la necesidad de construir un sistema público de cuidados en España que reconozca, valore y distribuya de manera justa el trabajo de cuidar. Analiza cómo los cuidados sostienen la vida, pero, sin embargo, recaen mayoritariamente sobre las mujeres. Propone transformar este modelo desigual a través de cambios culturales, políticas públicas, profesionalización del sector y corresponsabilidad entre Estado, familias, comunidad y mercado.

→ MARTÍNEZ Fuentes, G. y SORIANO Miras, R. M.ª: *Parejas igualitarias. Realidades sobre corresponsabilidad y cuidados*. Granada: Concejalía de Igualdad. Ayuntamiento de Granada, 2024.

> Esta guía pretende sensibilizar y orientar a las parejas sobre cómo construir una convivencia más igualitaria, repartiendo de forma justa las tareas domésticas y de cuidado sin sacrificar la autonomía individual ni el desarrollo profesional. Analiza cuánto trabajo no remunerado se realiza en pareja, cómo se distribuye y qué significa realmente ser una pareja igualitaria. Además, identifica las barreras que dificultan la corresponsabilidad y propone estrategias concretas para desmontarlas.

Legislación

→ Directiva (UE) 2019/1152 del Parlamento Europeo y del Consejo, de 20 de junio de 2019, relativa a unas condiciones laborales transparentes y previsibles en la Unión Europea.

> Cuyo objetivo es el de garantizar unas condiciones laborales dignas entre las que se encuentran el trabajo doméstico no remunerado, en tanto que se incluyen permisos de paternidad y maternidad o un permiso para cuidadores.

→ Directiva (UE) 2019/1158 del Parlamento Europeo y del Consejo, de 20 de junio de 2019, relativa a la conciliación de la vida familiar y la vida profesional de los progenitores y los cuidadores, y por la que se deroga la Directiva 2010/18/UE del Consejo.

> Cuyo objetivo es promover la igualdad efectiva entre mujeres y hombres abordando la conciliación familiar, desde permisos de paternidad, maternidad y para cuidadores. El mayor de sus desafíos busca promover la corresponsabilidad del cuidado y luchar contra la discriminación laboral femenina.

→ Ley Orgánica 3/2007, de 22 de marzo, para la igualdad efectiva de mujeres y hombres.

> Cuyo objetivo es garantizar la igualdad real entre mujeres y hombres, eliminando la discriminación por razón de sexo y promoviendo medidas activas para lograr la igualdad efectiva en todos los ámbitos.

→ Ley 39/2006, de 14 de diciembre, de promoción de la autonomía personal y atención a las personas en situación de dependencia.

> Cuyo objetivo es garantizar la atención y apoyo a las personas en situación de dependencia, promoviendo su autonomía personal y creando un sistema público de servicios y prestaciones para cubrir sus necesidades de cuidado.

→ Real Decreto Legislativo 2/2015, de 23 de octubre, por el que se aprueba el texto refundido de la Ley del Estatuto de los Trabajadores.

> Cuyo objetivo es regular los derechos y obligaciones laborales de trabajadores y empleadores, unificando y actualizando la normativa sobre el trabajo en España.